16	3	2	13
5	10	11	8
9	6	7	12
4	15	14	1

José Ramos Tinhorão

A MÚSICA POPULAR QUE SURGE NA ERA DA REVOLUÇÃO

editora■34

EDITORA 34

Editora 34 Ltda.
Rua Hungria, 592 Jardim Europa CEP 01455-000
São Paulo - SP Brasil Tel/Fax (11) 3816-6777 www.editora34.com.br

Copyright © Editora 34 Ltda., 2009
A música popular que surge na Era da Revolução
© José Ramos Tinhorão, 2009

A FOTOCÓPIA DE QUALQUER FOLHA DESTE LIVRO É ILEGAL E CONFIGURA UMA APROPRIAÇÃO INDEVIDA DOS DIREITOS INTELECTUAIS E PATRIMONIAIS DO AUTOR.

Capa, projeto gráfico e editoração eletrônica:
Bracher & Malta Produção Gráfica

Preparação:
Elisa Vieira

Revisão:
Cide Piquet, Mell Brites

1ª Edição - 2009

CIP - Brasil. Catalogação-na-Fonte
(Sindicato Nacional dos Editores de Livros, RJ, Brasil)

T492m Tinhorão, José Ramos, 1928-
A música popular que surge na Era da
Revolução / José Ramos Tinhorão. — São Paulo:
Ed. 34, 2009.
176 p.

ISBN 978-85-7326-440-1

1. Música popular - História e crítica.
2. Cultura popular - França, Portugal e Brasil -
Sécs. XVIII e XIX. 3. Revolução Francesa de
1789. I. Título.

CDD - 780.9

A MÚSICA POPULAR QUE SURGE NA ERA DA REVOLUÇÃO

I. França: da Revolução nasce na rua e no palco uma canção marcial

1. O desejo de rir e a vontade de cantar 9
2. Revolução pede canto marcial: "*Ça ira*" 18
3. O patriotismo é posto em marcha 23
4. A busca aguerrida da "vitória a cantar" 29
5. "*Caveau*": poetas fazem os versos que cantam 36
6. Verso próprio, som alheio 47
7. O cantar proletário das "*goguettes*" 53
8. Nos cafés-cantantes os hinos viram canção 58
9. Derrota na guerra gera o canto do desencanto 61
10. Marcha de ator-cantor chega a galope 65

II. Brasil-Portugal: do isolamento nasce o som de uma canção nacional

1. Poder fechado, abertura para o povo 77
2. Desocupado leva ao controle social 81
3. O perigo das "cantigas sediciosas" 85
4. Apesar da vigilância, ouve-se o "*Ça ira*" 89
5. As danças de círios e procissões 93
6. *Minuete*: grave na Corte, maroto nas ruas 102
7. E lá vêm as danças dos negros 107
8. Coreografia africana às vezes é ritual 115
9. Dos calundus nascem os lundus 123
10. O significado das umbigadas 129
11. O encanto novo do lundu brasileiro em Portugal ... 136
12. Som dos batuques explica o lundu 142
13. Modinha é canto de ternura sobre refrão de lundu... 147
14. Com o pardo Caldas Barbosa, o lundu negro-brasileiro chega aos brancos de Portugal 153

Referências bibliográficas 163

I
FRANÇA: DA REVOLUÇÃO NASCE NA RUA E NO PALCO UMA CANÇÃO MARCIAL

1.
O DESEJO DE RIR E A VONTADE DE CANTAR

O surgimento no século XVIII, em Portugal, dos dois gêneros de música popular urbana baseados na novidade das síncopas repetidas da música afro-brasileira — o lundu e a modinha — constituiu a evidência cultural de um fato igualmente novo ocorrido na história moderna: a ascensão das camadas populares ao plano da vida político-social.

De fato, como o estudo da evolução do processo histórico comprova, toda mudança capaz de alterar o desenho do quadro social impõe a exigência de substituição dos modelos de arte e lazer criados para atender às exigências do gosto público até então vigentes. Essa realidade apareceria com toda clareza, aliás, exatamente no século XVIII, ao desencadear-se em 1789, na França, o movimento de ruptura política com o sistema de privilégios herdados da era medieval, logo representado na aprovação, pela constituinte da Grande Revolução, da Ordenação dos Direitos do Homem e do Cidadão.

Abolida a divisão da sociedade em estados — nobreza, clero e terceiro estado (que incluía várias camadas da burguesia e a massa popular do campo e da cidade) —, a teórica igualdade dos agora cidadãos perante a lei iria permitir a reorganização da sociedade segundo o critério econômico da hierarquização por classes. E é a história desse novo movimento de acomodação da convivência humana que viria mostrar como se dariam, nas cidades, as mudanças decorrentes de tal revolução político-social no plano cultural.

Na realidade, a explosiva entrada em cena da gente das baixas camadas de Paris na área do lazer vinha sendo preparada desde pelo menos o início do século XVIII, com a progressiva substituição dos antigos espetáculos de tradição medieval dos tablados das feiras de Saint-Germain e Saint-Laurent por teatros construídos nesses mesmos locais para encenação de "pequenas peças". Isso era favorecido em face da expulsão, em 1697 — por influência dos teatros oficiais da Ópera e da Comédie-Française —, da primeira *troupe* italiana introdutora do gênero popular de teatro da *commedia dell'arte*. Seria, pois, para preencher o vazio deixado por aquele tipo de diversão importada — mas tão cara a um público acostumado, até então, a frequentar apenas o turbulento ambiente dos espetáculos da decadente Confrérie de la Passion (dissolvida por Luís XIV em 1676) — que esse novo teatro de feira lançaria a novidade nacional de gêneros destinados ao riso fácil, em coerência com a tradição jogral-funambulesca de seus tablados. Numa sucessão de criações, surgiriam então as *parades* (às vezes apenas diálogos apimentados, já pelos meados do setecentos acrescentados de cantigas de rua chamadas de *vaudevilles*), as comédias *poissardes* (explorando a fala pitoresca dos vendedores de peixe parisienses), as cenas de costumes criadas pelo ator Dancourt (e por isso denominadas "*dancourades*"), os sainetes alegóricos e até a dramatização de provérbios.

Como regra geral, tão logo lançadas no tradicional reduto de diversão popular das feiras, essas criações despertavam o interesse das camadas burguesas (e até mesmo da nobreza, como comprovaria sua inserção, como entremez, nos dias de espetáculo grátis da Comédie-Française), iniciando assim um processo de conquista de um público com gosto mais refinado.[1]

---

[1] O fenômeno, neste ponto da admissão do gosto popular entre as elites, é bem captado por Marie-Claude Canova-Green em seu estudo "Le XVIIIIème siècle: un siècle du théâtre" para a coletânea *Le Théâtre en France: des origines à nos jours* (Paris, Presses Universitaires de France, 1977), ao anotar: "Mesmo a Comédie-Française, guardiã da tradição, experimenta na medida do possível todas as novas fórmulas da feira" (p. 245). Com isso, "os repertórios se encaminham para a polivalência e para os gêneros

Essa evolução ascensional de gêneros teatrais de uma classe para outra, no século XVIII, beneficiava-se em verdade de uma crescente onda de livre trânsito que começava a ocorrer entre gente de diferentes estratos sociais no meio urbano de Paris.

Tal processo de evolução, por sua vez, já indicava a existência, à época, de um nítido esgarçamento da rígida teia de relações sociais herdada da Idade Média, e que se traduzia, na área do teatro, pela ampliação do chamado gosto público. De fato, após o incêndio que pela segunda metade do setecentos arrasou a Foire Saint-Germain, surgiria nos *boulevards* uma série de pequenos teatros — em 1759 o Nicolet (futuro Gaité), em 1769 o Ambigu-Comique d'Audinot, em 1774 o dos Associados e, em 1799, o Variétés Amusantes — todos caracterizados não apenas pela variedade de seus repertórios, mas de seu público frequentador. Ao contrário do que acontecia com a plateia nobre da Comédie-Française do elegante bairro de Saint-Germain, da burguesia rica da Ópera-Comique do Palais Royal, do quarteirão da gente das finanças e do alto comércio, e mesmo com a plateia sempre popular dos italianos, os novos teatros do *boulevard* vinham encontrar um público de origem a mais variada que se poderia imaginar. É que, para eles, passaria a acorrer tanto a burguesia cada vez mais diversificada (pessoal do comércio, letrados, funcionários civis e militares), quanto a heterogênea massa do povo da cidade (que incluía os provincianos) e, ainda, representantes da própria nobreza agora dispostos — ante a decadência dos gêneros clássicos — a se divertirem com o vulgar e a *"s'encanailler"*.

No que se referia às características com que os novos gêneros desse teatro de pequenas peças se apresentavam, eles demonstravam uma clara vocação para transformarem-se em espetáculos musicais. O início desse processo de esvaziamento da importância do texto teatral em favor da intromissão de números de can-

---

mistos, que atraem um público em busca de novidades. E quanto mais os autores o atendem, mais ele reclama" (p. 245).

to e quadros de ação cômica (indicadores da nova tendência de ajustamento ao gosto popular de um teatro visto apenas como diversão) foi favorecido, ironicamente, pela preocupação oficial em preservar as formas clássicas tradicionais.

De fato, quando o poder real confere o direito à criação de academias de música segundo o modelo da Academia Real de Música de 1669 — beneficiada com o privilégio sobre as antigas "tragédias em música" —, a elas se concederia, em 1675, o mesmo favor real para exploração do que agora se chamariam óperas. Da mesma forma, quando em 1680 Luís XIV cria com subvenção oficial o Théâtre Français (conhecido como "os franceses", por oposição ao teatro dos italianos da *commedia dell'arte*), as representações em verso dessa instituição, logo chamada de Comédie-Française, passam também a merecer privilégio oficial. Pois o resultado de tais exclusividades — que em 1697 levariam à expulsão da *troupe* dos italianos — seria o preenchimento do vazio deixado pelos espetáculos da *commedia dell'arte* com uma série de criações dirigidas às baixas camadas de Paris: as chamadas pequenas peças.

A própria história do surgimento, nos tablados dos teatros de feira, dessa nova modalidade de representações curtas, alheias a regras e só interessadas na diversão da plateia por seu tom de comicidade, serviria para demonstrar como as restrições oficiais revelavam-se inúteis quando a oferta de um produto cultural vinha atender a uma exigência social.

Assim foi que, ante a proibição obtida em 1703 pela Comédie-Française contra o desenvolvimento de enredos (as cenas não poderiam manter relação umas com as outras), o teatro de tablado das feiras passaria a servir-se da tradição dos diálogos maliciosos na linguagem livre e barulhenta dos anunciadores de espetáculos chamados de *bateleurs* (por causa das pancadas que davam com seus bastões nos estrados de madeira para atrair o público), resultando dessa falação engraçada a pequena peça chamada de *parade*. Quatro anos depois, quando a Comédie-Française volta à carga contra essa esperteza dos teatros de feira, através da extensão da proibição inclusive aos simples diálogos, o pessoal das feiras responde com o recurso aos monólogos.

Inconformada com essa concorrência a seu privilégio sobre a fala teatral, a Comédie-Française decide-se a acabar de vez com o problema e, em 1710, obtém a proibição total do emprego da palavra fora de seus palcos. E é então que o teatro popular de feira, limitado à música das pantomimas, aproveita a permissão concedida pela Ópera, em 1708 e 1713, ao uso de cantorias em seus palcos (mediante o pagamento de taxa), e ultrapassa ainda uma vez as dificuldades impostas com a espertíssima saída da adoção do chamado *théâtre a la muette*. Como o uso das palavras estava proibido pela Comédie, mas a Ópera agora permitia a música, os autores passaram a desenvolver os enredos segundo um duplo recurso: ao incluírem música, estimulavam o público a entoar em coro a letra das cantigas que estavam proibidos de cantar, e, ao representar, faziam os atores exibirem para a plateia textos escritos com grandes letras em cartões, que logo passariam a descer do alto em longos painéis, a partir de um rolo de pergaminho lentamente desdobrado para permitir a leitura. Surgia, então, o que seria chamado de *"pièce en écritaux"*.[2]

E foi assim que, como as cantigas destinadas ao canto em coro pelo público precisavam ser do conhecimento geral, levando a escolha a ser feita dentro do repertório popular tradicional urbano do chamado *vaudeville*, as proibições oficiais acabavam por conduzir a um novo tipo de espetáculo musicado: a *"comédie-vaudeville"*. Gênero destinado a tal sucesso, aliás, que iria levar a Comédie-Française a revigorar, de 1718 a 1724, as anti-

---

[2] Muitas das informações aqui usadas figuram na coletânea *Le Théâtre en France: des origines à nos jours* — principalmente nos estudos assinados pelo responsável pelo volume, Alain Viala, e pelos colaboradores Marie-Claude Canova-Green e Gérard Gengembre —, mas todas aí citadas de maneira difusa e sem o estabelecimento de nexo com que aparecem no presente trabalho de reconstituição histórica do processo das criações populares na área do teatro.

gas proibições a tais tipos de espetáculos de feira, por insistirem em incluir, agora, falas entre as canções. Ainda uma vez, porém, não apenas sem obter resultado (o período da Regência pela menoridade de Luís XV, de 1715 a 1723, não aconselhava o rigor do Estado), mas dando oportunidade ao aparecimento de um novo gênero de espetáculo destinado a grande futuro, inclusive nos chamados teatros de sociedade: a ópera cômica.[3]

Realmente, apesar de nova proibição que iria vigorar de 1745 a 1751, a tendência ao teatro musicado persiste nos palcos da Foire Saint-Laurent — embora ao preço da troca dos antigos cantos de *vaudeville* por *ariettes* compostas em estilo italiano (em 1762 dá-se a fusão dos franceses com a ópera italiana) —, levando desta vez não apenas à criação da ópera cômica, mas de outro gênero destinado a grande sucesso popular até o século XIX: o melodrama.

De fato, com a volta dos italianos especialistas no balé-pantomima, a evolução do *théâtre a la muette* e seus *vaudevilles*, no sentido da ópera cômica, iria coexistir com a novidade do acréscimo de falas ao transbordamento sentimental das pantomimas, responsável pelo estilo de espetáculo depois chamado de melodramático.

A oportunidade para a transformação dos espetáculos de feira em gêneros destinados ao gosto de um público popular de novo tipo dos teatros de *boulevard*, entretanto, iria multiplicar-se a partir de 1762 com o advento de um fato inesperado: o grande incêndio que naquele ano destruiu todas as salas e tablados da feira de Saint-Germain.

Desalojadas de seu reduto tradicional, as *troupes* locais es-

---

[3] Ao confirmar o período regencial como o dos anos de criação da ópera cômica em seu estudo "Le XVIIIIème siècle: un siècle du théâtre", Marie-Claude Canova-Green observa: "Pode-se considerar a constituição do gênero da ópera cômica nesse momento: ela alia o canto (de onde o nome 'ópera') e a representação (de onde o 'cômica'), no sentido original do que implica 'jogo dramático'" (*op. cit.*, p. 295).

palham-se então pelos *boulevards*, que já contavam à época com o Théâtre Nicolet, de 1759 (logo depois, Théâtre de la Gaité), e o Ambigu Comique d'Audinot, de 1769, e passam a contribuir até a Revolução para a verdadeira explosão de novos palcos daquele centro de vida teatral de Paris: em 1774, surge o Teatro dos Associés; em 1777, o Lécluse; em 1778, o Variétés Amusantes; em 1789, o dos Comédiens de Monsieur; e em 1792, o Vaudeville.

Seria, pois, nesses teatros dos *boulevards* — contemporâneos do agitado período da grande Revolução — que o repertório de antigos gêneros das pequenas peças populares das feiras de Saint-Germain e Saint-Laurent iria confirmar, definitivamente, sua tendência à evolução para o musical (antecipador do *vaudeville* e do futuro *music-hall* do século XIX), embora ao custo do ajustamento de seus textos ao gosto das novas camadas médias que surgiam com ânsia de diversão.

O caminho dessa adaptação da linguagem sempre alegre e espontânea, mas quase sempre algo desabrida (e às vezes chula), das criações dirigidas ao povo miúdo da cidade, ao estilo mais delicado do público burguês ou ligado aos padrões tradicionais do teatro, vinha sendo preparado desde a primeira metade do setecentos pelos grupos de amadores criadores do que se chamaria de teatro de sociedade. Fora de fato nesses *théâtres de société*, em que predominava o espírito de libertinagem elegante particular dos famosos salões de damas da nobreza (como Mme. d'Épinay, Mme. Geoffrin, Mme. de Terrain, Mme. Lespinasse ou Mme. du Deffand), que os gêneros de feira começaram a ganhar a forma de comédias "populares", mas com a primitiva irreverência de seu humor livre transformada em malícia refinada.

E é assim que, quando a *parade* é levada de volta ao equivalente de seu antigo público, agora reunido nas plateias dos novos teatros de *boulevard*, não é mais sob sua forma original de diversão livre e espalhafatosa, mas de simples comédia: um novo tipo de espetáculo teatral que, sob o nome de "*comédie parade*", vinha afinal atender ao gosto das modernas camadas médias de Paris com a atração de suas cantigas populares.

O mesmo tipo de evolução contemporânea do período de dissipação elegante dos salões da nobreza que, ao coincidir com o surgimento de uma pequena burguesia já mais instruída — que formava o público moderno dos cafés e desde o início de 1760 podia acompanhar o lançamento da *Enciclopédia* de Diderot e do *Contrato social* de Rousseau —, iria transparecer também nas criações de feira chamadas de *poissard*. Simples práticas ou diálogos engraçados, surgidos nos tablados de feira com base na falação solta e curiosa dos vendedores de peixe (o *poisson* francês que explicaria o nome de *poissarde* para a linguagem dos peixeiros, *poissoniers*, e suas colegas *poissonières* ou *harengères*),[4] esses breves entrechos estavam destinados a também ganhar a forma de comédia burguesa. Tal como nos teatros de sociedade, onde atendiam à curiosidade das altas camadas pelo "exotismo" da gente do povo miúdo, as comédias *poissardes* serviam nos palcos do *boulevard* à diversão de um público que se pretendia igualmente superior ao populacho. Transformada, assim, numa espécie de caricatura da gente das baixas camadas, através do uso cômico da fala *harengère*, a comédia *poissarde* iria poder, no entanto, voltar de certa forma à sua identidade original. É que, desencadeada a luta revolucionária de 1789, a onda de patriotismo que se espalhou por toda a França, ao valorizar a participação das figuras do povo, encontrou no estilo *poissard* a melhor forma de caracterizar os heróis da populaça.[5]

---

[4] A linguagem característica da peixeira parisiense, *harengère*, quase certamente originou em Portugal o nome "aranzel" para discurso prolixo ou enfadonho, altercação, disputa, e, no Brasil, a variante "arenga", palavra para a qual o dicionário Aurélio propõe a origem (muito problemática) no termo *Harihrings*, do alto alemão ou gótico, língua morta da Germânia oriental.

[5] Essas idas e vindas do processo de apropriação, pela gente das altas camadas, da criação baseada na comicidade da fala *poissarde* são exemplarmente resumidas por Marie-Claude Canova-Green em seus citado estudo "Le XVIIIème siècle: un siècle du théâtre", ao escrever: "Sempre estereotipada, a comédia *poissarde* deixou, assim, de ser a diversão de uma nobreza e de

No entanto, a fala dos barulhentos vendedores de peixe parisienses, transformada em comédia, não terminaria simplesmente assim, entre hinos e marchas militares, a representar nos palcos do *boulevard* apenas a voz de anônimos heróis revolucionários do povo. Enquanto recurso cômico, a linguagem *poissarde*, além do seu emprego nas *parades*, ainda serviria outro gênero de pequena peça em sua evolução para o teatro musicado: o provérbio dramatizado.

Simples diversão de amadores desde fins do século XVII, o provérbio dramatizado constituía, em sua forma mais simples, a ilustração representada de um rifão ou máxima popular, sempre de maneira disfarçada, a fim de permitir ao público a descoberta, por ele mesmo, do provérbio tomado por enredo (a exemplo do "*Les Battus payent l'amende*" — "Quem perde paga a conta" — de Dorvigny, de 1779). Levada para os teatros do *boulevard*, a diversão de salão dos provérbios dramatizados não apenas ganha pela graça dos temas a forma de comédia, mas passa a atender também à ânsia de dissipação dos sentidos face à crise econômico-política do momento, através da inclusão de temas de *vaudeville* para canto coletivo da plateia.[6]

---

uma burguesia ávidas de vulgaridade, para transformar-se numa peça verdadeiramente popular, de intenções democráticas" (p. 278).

[6] Excesso de chuva em 1787, seca seguida de tempestade de granizo e más colheitas em 1788, inverno rigoroso (o que aumentou o preço do pão) em 1789, mais o aumento do desemprego causado pela explosão populacional (de 1740 ao advento da Revolução, a França passou de 24 para 28 milhões de habitantes), contribuíram para o estabelecimento do clima de inquietação revolucionária e, ao mesmo tempo, de tentativa de fuga da realidade penosa.

A música popular que surge na Era da Revolução

2.
REVOLUÇÃO PEDE CANTO MARCIAL: "*ÇA IRA*"

Essa trajetória criativa do teatro de pequenas peças, que denunciava em sua reação às proibições dos teatros oficiais uma nítida tendência à criação de novas formas de espetáculo caracterizada pelo aproveitamento cada vez mais acentuado de música e cantos populares, iria ser acrescentada de uma inesperada vertente após o advento da Revolução de 1789. É que, ante a necessidade político-ideológica de promover os ideais do movimento que acabaria por derrubar a monarquia, os líderes revolucionários decidiram atribuir ao teatro uma função educativa tendente a transformar a massa do povo em cidadãos imbuídos de fervor patriótico. Assim, com uma primeira providência em tudo coerente com os princípios libertários da sublevação, a Assembleia Nacional (instituída pelo terceiro estado desde junho de 1789) aprova em janeiro de 1791, com o apoio do líder revolucionário Robespierre, a chamada Lei Chapelier, de abolição do sistema de privilégios que conferia à Comédie-Française e à Ópera de Paris o controle do repertório teatral. Reforçada a medida com o fim da censura prévia dos textos e a autorização à livre abertura de teatros mediante simples comunicação às autoridades — o que leva ao aparecimento de nada menos do que vinte novas salas em Paris em apenas um ano —, ficavam postas as condições para o estabelecimento de um pretendido teatro patriótico para o povo.[7] Um teatro cujas intenções ideológico-revolucionárias contariam,

---

[7] A primeira realização política dessa tendência seria representada pela criação, em abril de 1791, do Teatro da Liberdade, que em 1792 se transformaria no Teatro da República.

desde logo, com a contrapartida oficial da transformação da própria Revolução em teatro, através da encenação de seus feitos e ideais sob a forma de festas públicas.

As festas da Revolução, ao contrário das *entrées* barrocas do Antigo Regime, que serviam apenas à afirmação do poder oficial representado por seus altos dignatários, filiavam-se historicamente aos primitivos *triumphi*, com que o povo de Roma comemorava nas ruas, com alegria cívica, as vitórias conquistadas nas guerras pelos seus generais.

Essas representações de fervor revolucionário que, em Paris, contariam sempre com a animação de sons marciais, iriam retomar a tendência dos teatros para os espetáculos com música, através da transformação das festas patrióticas em diversão de massa cantada e dançada. Agora, porém, exatamente por influência do clima geral de exaltação belicosa, com a preferência não mais recaindo sobre a tradição lírico-burlesca dos *vaudevilles*, mas sobre a novidade de criação de composições vibrantes de indignação revolucionária, às quais o ritmo militar de marchas e hinos emprestava oportunamente o melhor modelo musical. E um primeiro exemplo dessa nova tendência à adoção de sonoridades marciais iria surgir exatamente um ano após a tomada da Bastilha, quando, em meio à massa do povo entregue aos trabalhos de preparação do Campo de Marte para a realização da Festa da Federação, programada para 14 de julho de 1790, irrompeu com a força de um hino coletivo de patriotismo indignado o estribilho da canção do "*Ça ira*".

Apoiada na sugestão revolucionária de seu refrão — *ça ira*, "chegaremos lá" —, a canção aproveitava a música de uma contradança popularizada sob o nome de "*Carrillon national*", de autoria do violinista Bécourt, do Teatro Beaujolais, e sobre a qual, a partir de maio de 1790, letristas anônimos montariam repetidas versões baseadas sempre em fatos políticos do momento.

Uma colorida notícia sobre a eclosão do "*Ça ira*" como canção revolucionária seria fornecida em *História da Revolução Francesa* pelo historiador francês Jules Michelet (1798-1874).

Ao descrever o clima de confraternização dessa Festa da Federação de 14 de julho, animada pelo ideal de uma França unificada pelo desejo de que todos "*n'en forment q'un*", Michelet (que em muitas partes de seu livro reproduz depoimentos de velhos parisienses contemporâneos da Revolução) conta que os bandos de forasteiros que chegavam ao Campo de Marte vindos de todas as partes do país "cantavam com todas as forças, com uma alegria heroica, um canto que os habitantes, em suas portas, repetiam". Era a primeira versão do "*Ça ira*", ainda revestida de uma esperança cristã de igualdade, traduzida na invocação do Evangelho, conforme os versos recolhidos pelo historiador:

> "*Le peuple en ce jour sans cesse répète:*
> *Ah! Ça ira! Ça ira! Ça ira!*
> *Suivant les maximes de l'Évangile*
> *Ah! Ça ira! Ça ira! Ça ira!*
> *Du législateur tout s'accomplira;*
> *Celui qui s'élève, on l'abaissera;*
> *Celui qui s'abaisse, on l'élèvera.*"[8]

Era o canto coletivo de esperança que o historiador descrevia, entoado pela multidão de parisienses empenhados na preparação do Campo de Marte para a festa ("De dia, à noite, homens de todas as classes, de todas as idades, até crianças, todos, cida-

---

[8] Jules Michelet, *Histoire de la Révolution. Les Grandes Journées*, Paris, Le Livre de Poche, 1988, p. 51. A referência a "quem se exalta será humilhado, o que se humilha será exaltado" é citação do relato de Lucas no Novo Testamento, em dois pontos do 3º Evangelho; primeiro na parábola em que Cristo adverte que ninguém se apresse a tomar lugar de destaque num banquete, pois pode enfrentar a vergonha de ser retirado do lugar à vista de todos; o segundo na parábola do fariseu e do publicano, em que aquele orava a invocar orgulhosamente sua fé, enquanto o segundo se dizia apenas um pecador. O que leva Cristo a concluir: "Eu vos digo: este último voltou para casa justificado, mas o outro não. Pois quem se exalta será humilhado, e quem se humilha será exaltado".

dãos, soldados, padres, monges, atores, irmãs de caridade, belas senhoras, regateiras, todos manejavam a picareta, empurravam o carrinho de mão ou conduziam a carroça basculante"), com crianças "à frente, levando luzes", enquanto "orquestras ambulantes animavam os trabalhadores: que eles mesmos ao nivelar a terra, cantavam este canto nivelador: *"Ah! Ça ira! Ça ira! Ça ira! Celui qui s'élève, on l'abaissera!"*.[9]

Transformado em hino revolucionário do povo, o "*Ça ira*" passaria a partir de então a ser cantado não apenas durante as festas promovidas pela Revolução — Festa da Unidade e da Individualidade da República (no agitado 10 de agosto de 1793, em que a Convenção aprova a Constituição e o povo prende a família real); Festa do Ser Supremo, de 8 de junho de 1794 (em que Robespierre destrói a efígie do Ateísmo, substituído pela Sabedoria, com sua montanha encimada pela árvore da Liberdade) —, mas em todas as agitações de rua, da morte de Luís XVI, em janeiro de 1793, aos repetidos espetáculos das execuções durante o período do Terror, até 1794.

A originalidade do canto popular do "*Ça ira*" estaria em que, embora conservando sempre o mesmo refrão, sua letra variava a cada acontecimento a que era chamado a animar, através da criação de novos versos ajustados ao tema do momento. Assim, ao contrário da crítica ainda tímida de sua primeira versão — "*Le vrai cathéchisme nous instruira/ Et l'affreux fanatisme s'éteindra*" —, quando em 1792 se denuncia a coligação antirrevolucionária de padres e aristocratas, o que levaria aos chamados "massacres de setembro" (1.300 vítimas entre os dias 2 e 6 de setembro, 223 delas padres, e cerca de cem "aristocratas"), os novos versos do "*Ça ira*" assumem tom radical:

"*Ah! Ça ira! Ça ira! Ça ira!
Les aristocrates à la lanterne*

---

[9] Jules Michelet, *op. cit.*, p. 51 (tradução do autor).

A música popular que surge na Era da Revolução

*Ah! Ça ira! Ça ira! Ça ira!
Les aristocrates, on les pendra
Si on n' les pend pas
On les rompra
Si on n' les rompt pas
On les brûlera
Ah! Ça ira! Ça ira! Ça ira!*

*Ah! Ça ira! Ça ira! Ça ira!
Nous n'avions plus ni nobles, ni pêtres,
Ah! Ça ira! Ça ira! Ça ira!
L'égalité partout règnera."*

Radicalismo que desde logo atingiria seu auge durante o período do Terror, entre 1793 e 1794, quando os letristas anônimos levam o *"Ça ira"* a traduzir da forma mais crua e realista o clima agora de loucura revolucionária coletiva:

"*Ah! Ça ira! Ça ira! Ça ira!
Les aristocrates à la lanterne;
Ah! Ça ira! Ça ira! Ça ira!
Les aristocrates on les pendra;
Et quand on les aura tous pendus,
On leur fichera la pelle au cul.*"[10]

---

[10] A expressão *"Ça ira"* dá ideia de algo que se tem como certo. Ante o coloquialismo da linguagem, a tradução aproximada seria: "Ah! Chegaremos lá! Chegaremos lá!". Os versos, em tradução literal, dizem: "O poste para os aristocratas [durante a Revolução, enforcavam-se as pessoas em postes de iluminação]/ Ah! Chegaremos lá! Chegaremos lá! Chegaremos lá!/ Os aristocratas nós os enforcaremos,/ E quando estiverem todos pendurados/ Nós lhes meteremos uma pá no cu". O *"Ça ira"* continuaria a ser cantado nas agitações de rua de Paris até sua proibição na virada do século XVIII para o XIX, quando o advento do Consulado (após a derrubada do Diretório no 18 Brumário, a 9 de novembro de 1799) leva ao poder total na França o general Bonaparte, transformado em Imperador hereditário. A repercussão

3.
O PATRIOTISMO É POSTO EM MARCHA

O canto revolucionário do "*Ça ira*", de nítido parentesco musical com as marchas militares — expresso, aliás, no próprio ritmo do galope que lhe dera origem —, não seria o único som de caráter marcial a traduzir os ânimos revolucionários da época. Desde junho de 1792, quando um batalhão chegado de Marselha entrou em Paris a entoar em coro uma marcha intitulada "Canto de Guerra do Exército do Reno" (composta pelo capitão de engenharia Rouget de Lisle), o povo da capital a adotou imediatamente, ao lado do "*Ça ira*", como nova canção patriótica que, por sua origem, passaria logo a se chamar "A Marselhesa".

Dois meses após o êxito dessa marcha — que, com algumas modificações na parte da música, se tornaria depois o hino nacional francês —, outro canto revolucionário de autor desconhecido empolgaria a enlouquecida população de Paris. Identificada a novidade da sua música com a das vestes típicas dos trabalhadores piemonteses (colete e calças justas sob largo casaco com fi-

do "*Ça ira*" revelou-se de tal ordem por todo o mundo, que em Portugal de fins dos 1700 receberia um arranjo para cravo do compositor João José Baldi, sob o título de "Marcha da Retirada" (gravado pelo grupo Segréis de Lisboa no CD *Modinhas e lundus dos séculos XVIII e XIX*, Movieplay, Lisboa, 1977, com caderno explicativo em que o Prof. Rui Vieira Nery identifica a origem da música na "feroz canção revolucionária francesa do '*Ça ira*'"). No Brasil, a canção sugeriu em agosto de 1822, aos intelectuais do Centro Abolicionista de São Paulo, o nome *Ça ira...* para título de seu jornalzinho de combate ao regime de escravidão de negros africanos ainda em vigor no país.

leiras de botões de metal), chegados à cidade vindos de Carmagnola a tempo de participar do assalto às Tulherias e da condução do rei à prisão na Tour du Temple, a nova canção receberia o nome de "*La Carmagnole*". E o motivo do imediato agrado dessa *carmagnole* estaria em que, se o ritmo permitia por seu balanço o cantar coletivo, com os bailantes a executar uma espécie de farândula, a letra focalizava o tema político de maior interesse do momento: os vetos de Luís XVI, em novembro de 1791, aos decretos da Assembleia contra os privilégios dos nobres — exatamente o que levaria à realização dos movimentos de rua, à prisão do rei em agosto e aos massacres de setembro de 1792. Era esse clima que se refletia nos versos debochativos da *carmagnole*, em que Luís XVI e a rainha Maria Antonieta eram chamados ironicamente de Sr. e Sra. Veto:

"*Madame Veto avais promis*
De faire égorger tout Paris   bis
Mais son coup a manqué
Grâce à nos canonniers:
Dansons la carmagnole,
Vive le son. Vive le son.
Dansons la carmagnole,
Vive le son du canon!"[11]

Sempre com o repetido estribilho de "Viva o som, viva o som/ Dancemos a *carmagnole*/ Viva o som do canhão", os versos do novo canto revolucionário acusavam o Sr. Veto, Luís XVI, de ter jurado fidelidade a seu país e, além de ter faltado à palavra, ainda acreditar-se vencedor, com o que demonstrava conhecer mal o seu povo. Tudo como agora comprovavam os versos

---

[11] "Madame Veto prometera/ Degolar Paris inteira (bis)/ Mas seu golpe fracassou/ Graças ao nosso canhoneio:/ Dancemos a *carmagnole*/ Viva o som. Viva o som/ Dancemos a *carmagnole*/ E viva o som do canhão".

da *carmagnole* já em sua primeira versão, ao conclamar todos a permanecerem unidos, "sem temer os inimigos":

> "*Amis, restons toujours unis,*
> *Ne craignons pas nos ennemis.*   bis
> *S'ils vienn'nt nous attaquer,*
> *Nous les feront sauter*
> *Dansons la carmagnole.*"

Tal como no caso do "*Ça ira*", a cantiga revolucionária "*La Carmagnole*" ganhava novos versos a cada evolução do movimento revolucionário, garantindo para sua música a missão de arma política não apenas até o fim do século XVIII, mas ainda durante os séculos XIX e XX, quando chegaria a comemorar a Revolução Russa de 1917:

> "*Vive la Comunne de Russie*
> *Ses mitrailleuses et ses fusils*   bis
> *Après s'être battue*
> *La Commune a vaincu.*"[12]

Essa tendência ao aproveitamento da sonoridade vibrante das músicas militares como número de teatro, responsável pela incorporação do ritmo das marchas ao repertório de agrado popular — que deveria estender-se ao século XIX para transparecer, inclusive, no marcado estilo de canção falada das cançonetas do *music-hall* —, resultou de uma decisão típica de política cultural, partida do próprio líder da Revolução, Robespierre.

Na sequência do sucesso das encenações gratuitas que passaram a ser oferecidas "*par et pour le peuple*" uma vez por semana nos teatros, a partir de 1793, com peças glorificadoras de

---

[12] "Viva a Comuna da Rússia/ Suas metralhadoras e seus fuzis (bis)/ Após ter enfrentado o combate/ A Comuna venceu".

feitos e virtudes patrióticas, Robespierre lança em maio de 1794 a ideia da oficialização das festas cívicas da Revolução com caráter definitivo de espetáculo. E aí estaria o ponto de partida para a evolução de um tipo de espetáculo teatral glorificador de virtudes patriótico-militares, que favoreceria o advento de sons marciais como música de palco, como o professor Gérard Gengembre deixa implícito na conclusão do capítulo "La Fête révolutionnaire ou la théâtralisation de la Révolution", de seu estudo "Le Théâtre nouveau du XIXe siècle", ao registrar com precisão:

> "*Après Robespierre, elles* [as festas patrióticas] *s'orientent vers la célébration militaire. La voie est alors ouverte aux parades du Consulat* [de 9 de novembro de 1799 a maio de 1804] *et de l'Empire* [sob Napoleão I, de 1804 a 1815], *ou l'épopée militaire — uniformes rutilants et fanfanares éclatantes — se donne en espetacle.*"[13]

Esse oferecer-se como espetáculo do poder militar triunfante poderia ser explicado, aliás, por um fato histórico decorrente da própria evolução do movimento revolucionário iniciado em 1789. É que o gradativo afastamento da Revolução por parte do clero, após a decretação do regime civil para os padres pela Constituinte em 12 de julho de 1790 (os padres, obrigados a jurar fidelidade à lei, tornavam-se praticamente funcionários públicos), logo seguido do massacre de 223 deles em setembro de 1792, acabaria por conduzir ao chamado movimento de descristianização. Configuradas, na realidade, como processo de secularização do Estado, as medidas adotadas nesse sentido pela Convenção aproveitavam o clima anticlerical derivado da luta contra o poder eclesiástico iniciada em 1790, mas para a criação de um mo-

---

[13] Gérard Gengembre, "Le Théâtre nouveau du XIXe siècle", *in Le Théâtre en France: des origines à nos jours, op. cit.*, p. 313.

delo institucional destinado a revelar-se um contraponto laico ao oferecido pela Igreja.[14]

Como primeira medida, a Convenção determina em 5 de outubro de 1793 a substituição do calendário gregoriano, deslocando o início do ano para o outono na Europa — o 22 de setembro comemorativo da proclamação da República — e passando a acompanhar os ciclos da natureza em doze meses de trinta dias, designados por nomes criados a propósito: para o outono, vendemário, brumário e frimário; para o inverno, nivoso, plumioso, ventoso; para a primavera, germinal, floreal e pradial; e, para o verão, messidor, termidor e frutidor. Cada mês era dividido em períodos de dez dias chamados de décadas (compostos pelos primidi, duodi, tridi, quartidi, quintidi, sextidi, septidi, octidi, novidi e decadi) e, como a soma anual dos dias do novo calendário resultava em apenas 360, os representantes do poder revolucionário iriam reservar para os cinco dias necessários ao fechamento do ciclo anual sua mais constante preocupação político-ideológico-educativa. Os cinco dias faltantes seriam julgados complementares e dedicados à realização de festas cívico-patrióticas.

Em verdade, essa disposição do poder revolucionário — tão coincidente com as preocupações cívico-pedagógicas demonstradas por Robespierre — constituía o corolário natural de um dos propósitos primeiros da própria Revolução, que era o uso do teatro como instrumento para a educação e formação dos novos cidadãos que se propunha criar. E era essa intenção de identificar o teatro simbolicamente com as propostas revolucionárias que le-

---

[14] Este ponto da educação do cidadão através de uma pedagogia de estímulos emocionais é bem captado por Gérard Gengembre em seu estudo "Le Théâtre nouveau du XIXe siècle" para o volume *Le Théâtre en France: des origines à nos jours* (*op. cit.*) ao escrever: "Para conseguir isso [a transformação do espectador de teatro em cidadão] ele se aproxima de uma liturgia laica, e se identifica com as cerimônias em que a Revolução põe em causa seus valores, conferindo-lhes uma sacralidade particular da religião" (p. 306).

vara, em abril de 1791, ao surgimento do Teatro da Liberdade e da Igualdade (transformado no ano seguinte — ante a nova realidade política criada pela Convenção — em Teatro da República) e, em 1794, à transformação do Teatro da Nação em Teatro da Igualdade.

4.
A BUSCA AGUERRIDA DA "VITÓRIA A CANTAR"

Posto em prática o conceito que transformava a cena teatral em palcos de civismo (em pleno clima emocional do Terror desencadeado pela ação do Tribunal Revolucionário de 1793 a 1794),[15] toda a gente do teatro é convidada a colaborar com os novos tipos de espetáculo que tomavam o patriotismo como enredo para verdadeiras representações festivo-sacramentais-profanas.

Entre esses profissionais ligados à atividade teatral estavam naturalmente os músicos, a quem caberia revestir de vibração sonora compatível as novas encenações carregadas de emoção patriótica. E os músicos de teatro francês daqueles fins do setecentos não tiveram, por sinal, a menor dificuldade em desincumbir-se da missão, pois na própria origem do Conservatório de onde todos saíam estava, por coincidência histórica, a formação militar.

Na verdade, com a dissolução em 1789 das guardas francesas que mantinham corpos de músicos, Bernard Sarrette, um capitão do Estado Maior, aproveitou 45 daqueles músicos postos em licença compulsória para formar com eles o que seria o núcleo de música da Guarda Nacional, organizada após regulamen-

---

[15] A coincidência entre a explosão do teatro patriótico e o período do Terror é registrada por Jean-Claude Bonnet ao escrever à p. 368 de seu livro *La Carmagnole des muses: l'homme des lettres et l'artiste dans la Révolution* (Paris, Armand Colin, 1988): "Como seria de esperar, o proselitismo revolucionário atinge seu apogeu em 1794, quando as peças cívicas representam durante certo tempo a maioria das criações".

tação em sucessivos decretos de 1790, 1791 e 1793. E ainda por iniciativa do mesmo Sarrette, foi logo criada uma Escola Gratuita de Música da Guarda Nacional, com a incorporação de setenta mestres dos corpos de música como professores de 120 alunos com idade entre dez e vinte anos, todos filhos de componentes dos sessenta batalhões da Guarda Nacional.

Entre os deveres desses alunos-músicos constava já o de participar de festas públicas, preocupação que seria reforçada com a criação em Paris, por ato da Convenção Nacional de 8 brumário do ano II (5 de novembro de 1793), de um Instituto Nacional de Música, com quadro de 115 professores para o ensino de música a seiscentos alunos, igualmente incumbidos de cooperar com as celebrações oficiais do Estado.

Assim, como desde 1784 existia (embora a esta altura, quase inoperante) uma Escola Real de Canto e Declamação, vinculada à Ópera e encarregada da formação de músicos para o teatro, Bernard Sarrette volta a intervir na área do ensino de música obtendo da Convenção, na sessão de 16 termidor do ano III (2 de agosto de 1795) — por mediação de seu amigo Chénier (que, aliás, antes de político, fora militar) —, a substituição de todos os centros de estudo de música anteriores por um único órgão. Criava-se o Conservatório de Música de Paris, do qual seria o próprio Sarrette o primeiro diretor.

Surgido de um núcleo básico de músicos de formação militar, no momento em que uma política de Estado requeria a colaboração de tais profissionais em um projeto político-cultural destinado a incentivar o sentimento cívico e patriótico dos cidadãos, o Conservatório de Paris iria estimular, de fato, o cultivo das sonoridades de tipo marcial.

Musicalmente, o caminho para isso estava aberto pelo sucesso popular, desde a tomada da Bastilha em 1789, da série de cantigas revolucionárias que, a partir do estribilho orgulhosamente provocador de uma delas — o *"Ah! Ça ira! Ça ira! Ça ira!"*, de 1790 —, iria consagrar como verdadeiros hinos até mesmo simples cantos de guerra militares, como seria o caso da própria

"A Marselhesa", levada a Paris em meados de 1792 por soldados de um batalhão apenas como um "Canto de Guerra do Exército do Reno". Seria, pois, esse clima de boa receptividade da gente das ruas a qualquer cantar que lhe estimulasse o ardor revolucionário — como comprovava o sucesso, ainda em 1792, do tema popular de *"La Carmagnole"* vinda do Midi (sudeste-sudoeste da França, vizinho do Piemonte italiano)[16] — o que iria inspirar as músicas reunidas à volta do Instituto Nacional de Música em 1794 e, a partir de 1796, do Conservatório de Música de Paris. Essa novidade começaria a revelar-se nas circunstâncias mesmas da criação da primeira canção patriótica já expressamente composta em 1794 a partir da política de estímulo cívico-patriótico: a *"Chanson du Départ"*.

Segundo a versão mais coerente, essa "Canção da partida", destinada à festa de comemoração do quinto aniversário da tomada da Bastilha, fora encomendada em 1794 pelas autoridades revolucionárias ao diretor do Instituto Nacional de Música, o músico ex-capitão do Estado Maior da Guarda Nacional Bernard Sarrette. Ora, como naquele momento Sarrette abrigava no Instituto de Música o ex-militar, poeta e político Marie-Joseph de Chénier (acusado na Convenção de simpatia por Luís XVI), o diretor encarregou seu protegido de escrever os versos de um hino que valorizasse o ideal de liberdade e disposição para a luta da República. Após um dia de trabalho, Chénier entregou a Sarrette a longa letra de sete estrofes em oitavas do hino destinado a cantar patrioticamente a partida de franceses para a guerra, porque *"la trompette guerrière a sonné"*. Era o *"Chant du Départ"*, a antecipar a vitória sobre os "inimigos da França":

---

[16] A proximidade dos territórios explica a presença de trabalhadores piemonteses na região do Midi francês. As relações entre a gente dos dois países era tal que, na região de fronteira, a língua francesa era corrente no lado piemontês.

"*La victoire en chantant*
Nous ouvre la barrière.
Liberté guide nos pas
Et du Nord au Midi la trompette guerrière
A sonné l'heure des combats.
Tremblez, ennemis de la France:
Rois ivres de sang et d'orgueil,
Le peuple souverain s'avance.
Tyrans, descendez au cercueil,
La republique nous apelle.
Sachons vaincre ou sachons périr.
Pour elle un Français doit mourir.
Un Français doit vivre pour elle,
Pour elle un français doit mourir."[17]

De posse dos versos de Chénier, o diretor do Instituto Nacional de Música não teve dificuldade em encontrar o profissional mais indicado para compor-lhe a música: o professor de composição e inspetor do próprio Instituto, Etienne-Nicolas Méhul, destinado a transformar-se, a partir do sucesso dessa "Canção da partida", no mais prolífico autor de hinos destinados a festas patrióticas da Revolução. Ligado a Gluck desde sua chegada a Paris, em 1718, vindo de sua cidade de Give (nas Ardenas), onde estudara órgão com padres agostinianos, Méhul representaria, de fato, o exemplo mais ostensivo da influência exercida pela política cultural revolucionária sobre os profissionais de música da

---

[17] Os versos são conforme reprodução na enciclopédia *Nouveau Larousse Illustré*, publicada em sete volumes a partir de 1897. Em tradução literal, dizem: "A vitória a cantar/ Nos franqueia a barreira./ Liberdade nos guia os passos/ E do Norte ao Midi o clarim de guerra/ Anuncia a hora dos combates./ Reis ébrios de sangue e de orgulho/ Já avança o povo soberano./ Tiranos, descei aos túmulos./ A República nos chama/ Saibamos vencer ou perecer/ Por ela um francês deve morrer/ Um francês deve viver por ela./ Por ela um francês deve morrer".

época. Conhecido desde 1784 como autor erudito, após o sucesso de uma ópera cômica, *"Euphrosine"*, no Teatro dos Italianos e, logo, da ópera clássica *"Cora"*, no Teatro da Ópera, Méhul iria trocar a composição de balés (como *"Le Jugement de Pâris"*, de 1793) e de óperas de sucesso (como *"Mélidore et Phrosine"*, de 1794) pela produção de músicas destinadas a festas cívicas de massa. Apenas em 1794, em seguida ao *"Chant du Départ"*, viriam o *"Chant du 25-Messidor*, o *"Chant des Victoires"* e os hinos patrióticos *"Hymne du 9-Thermidor"*, *"Hymne des Vingt-Deux"*; nos anos seguintes, o *"Hymne Patriotique"* e um *"Chant du Retour"*.

A conversão de músicos eruditos a compositores de cantos e hinos revolucionários não se limitaria, aliás, ao caso de Méhul, mas de outros compositores do núcleo inicial de músicos da Guarda Nacional, entre os quais, em 1792, o jovem Charles-Simon Catel, nascido em Orne, na Normandia, em 1772, que se especializaria em marchas para as forças revolucionárias. E, naturalmente, também para as festas da Revolução, de que seriam exemplos o *"Hymne à L'Égalité"* e a parte de coro do banquete realizado por ocasião da Festa das Vitórias, de 1794.[18]

Essa tendência à adesão de músicos eruditos à causa patriótica incluiria, inclusive, artistas estrangeiros, devidamente afran-

---

[18] Curiosamente, a contribuição à música do período revolucionário do maior responsável pelo entusiasmo geral em torno de uma marcha militar, Rouget de Lisle (autor em 1789 do "Canto de Guerra do Exército do Reno", que passou a ser "A Marselhesa"), se limitou à criação, para festas revolucionárias, de um "Canto do 9 thermidor", de 1794, que comemorava a queda da República. Interiormente adepto da monarquia, chegou a mudar dois versos de "A Marselhesa" por julgá-los muito republicanos. Na última estrofe da marcha, onde primitivamente estava "E que o trono dos tiranos/ Se curve ante o clamor de vossa glória", preferiu: "E que os inimigos moribundos/ Contemplem seu triunfo e nossa glória". Rouget de Lisle pediu baixa do Exército em 1796 e, muito significativamente, quando da restauração da monarquia com a volta dos Bourbons em 1815, recebeu de Luís Filipe a Legião de Honra no grau de cavaleiro e uma pensão do Estado.

cesados pelo poder suasório do Terror jacobino, como aconteceria com o belga François-Joseph Gossec e o italiano Marie-Louis--Charles-Zénobi-Salvador Cherubini.

Nascido em 1773 em Vergnier, território da futura Bélgica, Gossec, residente em Paris desde os dezoito anos, desponta já na casa dos vinte anos como autor de quartetos, sinfonias e uma missa fúnebre, até estrear no teatro com *Le Faux Lord*, em 1764, e chegar ao sucesso em 1766 com *Les Pêcheurs*. Com o prestígio de músico assegurado pela representação de obras suas na Ópera na década de 1770, torna-se em 1784 (com o apoio ostensivo de um nobre, o barão de Breteuil) autor do projeto e primeiro diretor da Escola Real de Canto. E é quando essa instituição passa a segundo plano, com a criação do Instituto Nacional de Música, que Gossec é atraído para o corpo de professores do que logo viria a ser o Conservatório de Música de Paris, onde alcançaria o posto de professor chefe da turma de composição. Assim, já conhecido desde meados da década de 1790 por trabalhos de caráter cívico-patriótico para a Ópera (como entremezes para o espetáculo *Offrande à la Liberté*, de 1792, e arranjos de "A Marselhesa" para o *Triomphe de la République* ou do *Camp de Grandpré*, de 1793), Gossec entrega-se à produção de música marcial para as amplas camadas. Compõe então, sucessivamente, entre coros e cantos patrióticos, "*Chant du 14-Julliet*", "*Hymne a l'Être Suprême*", "*Hymne à l'Humanité*", "*Hymne à l'Égalité*", "*Hymne Patriotique*" e um "*Sermant Républicain*".

Da mesma forma, o italiano Cherubini, nascido em Florença em 1760, mas que viveu sempre na França, inicia sua carreira de músico em Paris aos dezessete anos e, a exemplo de Gossec, também foi autor de missas, motetos e cantatas, só estreando na Ópera em 1780, pelos vinte anos. Com o advento da Revolução, Cherubini deixa-se tomar pelo clima de entusiasmo cívico da época e naturaliza-se francês. Como não podia deixar de ser, vai dedicar-se então, tal como o belga Gossec, à composição de músicas para festas patrióticas (como a de 1794), hinos, entre os quais um "*Hymne du Panthéon*" e um "*Hymne à la Fraternité*", além de um *"Chant pour le 11 Août"* e, já em 1797, uma *"Ode sur le 18 Fructidor"*.

Se essa conversão dos músicos à tarefa de transformar os espetáculos teatrais em festas patrióticas de caráter sempre vibrante e marcial da Revolução iria continuar — como observou o historiador francês Gérard Gengembre — até a era das paradas do Consulado, de 1799 a 1804, e dos vibrantes desfiles militares napoleônicos, de 1804 a 1815, não é de estranhar que a influência do estilo se estendesse anos depois aos novos gêneros de teatro popular, surgidos para atender, agora, ao gosto de um público interessado apenas no que se chamaria de "variedades".

E, de fato, foi isso o que aconteceu ao surgir, a partir de fins da primeira metade do século XIX, em Paris, a série de modernos espetáculos que vinham fazer explodir, agora como criações para o grande público de novos palcos nos *boulevards* de Montmartre, do Temple, dos Italianos, do Sebastopol (e até ao ar livre, nos Champs-Elysées), a antiga tradição local de cantorias e diversões vaudevilescas, restritas até então a redutos particulares de *goguettes* e *caveaux*, cafés e cabarés precursores do *music-hall*.

5.
"*CAVEAU*": POETAS FAZEM OS VERSOS QUE CANTAM

Desde o surgimento do fenômeno dos grandes núcleos urbanos densamente povoados no ocidente europeu — de que Paris se tornaria o centro, desde o *"grand siècle"* de Luís XIV, no seiscentos —, a única forma de lazer de seus moradores era o encontro em estabelecimentos em que se podia beber (e eventualmente comer), conversar, discutir, exibir habilidades pessoais e, afinal, cantar.

Tais locais de sociabilidade já revestidos de uma forma por assim dizer "moderna" (no sentido de diferençarem-se das antigas vendas que, em Lisboa, por exemplo, desde o século XV serviam vinho) aparecem na Paris do século XVII sob o nome de cabarés. Frequentados de início apenas pela gente da camada mais baixa, o que explicaria expressões depreciativas como *borgne* e *bouge* — espelunca, baiuca de má fama —, os cabarés passariam com o tempo a atrair intelectuais e poetas boêmios.

Reconhecidos em seus primeiros tempos por ramos verdes colocados sobre as portas de entrada, tais tavernas primitivas eram por isso chamadas de *bouchons*, na França, e de *busches*, na Inglaterra, o que explica desde logo a imagem empregada em Portugal pela beberrona personagem seiscentista de Gil Vicente, Maria Parda, ao lamentar em seu pranto saudoso o bom tempo de fartura de vinho nas tabernas "onde as portas eram maias".[19]

---

[19] Imagem perfeita, ao saber-se que as maias eram festas populares realizadas ao reflorir da primavera europeia, pelos inícios de maio, herdeiras do antigo culto pagão à deusa da fecundidade. Enfeitavam-se portas e janelas com ramos verdes e flores naturais, e o sentido religioso pagão da

A atração dos cabarés residia, muito compreensivelmente, no fato de, animados pelo espírito do vinho, os frequentadores de tais ambientes serem levados à confraternização através da entoação de versos em coro, que reviviam o ritual dionísico dos cantos báquicos, mas agora sob a forma de simples cantorias de bebedores. Esses cantos coletivos de cabaré, denominados na França de *"chansons à boire"* ou *"air à boire"*, constituíam, na verdade, a continuação atualizada das velhas brincadeiras de taverna medievais dos padres vacantes, ditos goliardos, que pelos séculos XII e XIII entoavam louvores ao vinho misturando o francês corrente ao latim da Igreja:

*"Bacus chez Gregoire,
Nobis imperat,
Chantons tous sa gloire,
Et quinque bibat.*

*Hâtons nous de faire
Quod desiderat;
Il aime en bon frère
Qui saepe bibat."*[20]

---

festa era tão evidente, que em Carta Régia de D. João I, de 1402, ficava proibido (em vão, aliás) o cantar de maias e janeiras entre "outras cousas contra a lei de Deus". O *Pranto de Maria Parda*, em que a personagem de Gil Vicente lembrava exatamente essa tradição nunca esquecida das maias, apareceu impresso em folha volante em 1522, em Lisboa. Segundo o autor maranhense L. Gonzaga dos Reis em seu ensaio *Auto Parnaíba*, citado por Luís da Câmara Cascudo no *Dicionário do folclore brasileiro* (Rio de Janeiro, Instituto Nacional do Livro, 1964), a festa das maias continuava viva naquele município do Alto Parnaíba, no Maranhão, nas primeiras décadas do século XX, exatamente como praticada em Portugal do século XVI.

[20] "Baco no Gregório, [i. e., na taverna do Gregório]/ É quem nos ordena,/ Cantemos sua glória,/ Bebendo sem parar./ Tratemos de fazer/ O que se desejar;/ Ele [Baco] ama como irmão/ Quem bebe sem parar."

A música popular que surge na Era da Revolução

Seria, pois, esse caráter de local de convívio em clima de alegria e descontração que iria instaurar, com o passar do tempo, a tradição francesa dos futuros cabarés artísticos, assim chamados por constituírem ponto de encontro de literatos e artistas amantes de versos e de músicas. Alguns, exatamente pela importância de certos frequentadores, com registro de seus nomes na história, como seriam no século XVII os casos do "La Pomme de Paris", da Judiaria, em frente à Igreja da Madeleine, do "La Fosse-aux-lions", da rua Passo da Mula (onde, em dizer de fins do seiscentos, vendia-se a "loucura em garrafas"), e do "Cabaret de Maître La Faucher", da Capela Saint-Denis, onde consta que Corneille teria ido curtir as mágoas pelo fracasso de sua peça *Suréna*, em 1674. E ainda de outros, como o "Sabot", do bairro de Saint Marcel (frequentado, ao que consta, pelo poeta Ronsard), o "Écu d'Argent" e o "Mouron Blanc", onde Boileau espaireceria depois de "matar-se de rimar", como ele mesmo diria.

No século XVIII, entre esses cabarés famosos pela distinção da frequência estariam, entre outros, o "Épée de Bois", da rua Quincampoix, frequentado pelo autor de teatro Marivaux, e os que reuniam predominantemente poetas boêmios "*chansonniers*", como "Tambour Royal", na Courtille, frequentado por Vadé, Collé e Panard.

Finalmente, já no século XIX, deixariam nome o cabaré da "La Mère Saget", para os lados do Maine, onde marcavam presença o poeta Victor Hugo e o romancista Alexandre Dumas, e o cabaré "Dinoday", o antigo "Petit Rocher" da esquina das ruas Breda e Mazarin, frequentado pelo atribulado poeta e romancista Henri Murger e pelo original poeta das *Flores do mal* (e tradutor de Edgar Allan Poe), Charles Baudelaire.

É claro que, ao oscilar entre a frequência popular de bebedores musicalmente presos ao cultivo de *vaudevilles*, e de literatos boêmios ligados à produção de obras de nível erudito, esses cabarés tradicionais mais antigos não chegariam a contribuir com quaisquer criações musicais para as modernas diversões de massa. Forneceram, no entanto, o modelo seguido no século XIX pelos cafés-cantantes e cafés-concerto que, ao lado dos pequenos espaços de teatro e música dos novos cabarés (dos quais o mais famoso seria o "Chat-Noir"), permitiram a partir da segunda metade do século XIX o surgimento de espetáculos baseados no que viria a constituir uma música popular típica das cidades.

Embora sem chegar a atingir a condição de palcos lançadores de novas formas de canto e representação compatíveis com o gosto de seu público popular — o que pela metade do oitocentos aconteceria com os cafés-cantantes e cafés-concerto anunciadores das futuras variedades do *music-hall* —, os cabarés parisienses do velho estilo chegaram, porém, a contar eventualmente com a presença de grupos particulares dedicados ao cultivo de canções: o do *Caveau* e o das *goguettes*.

A primeira dessas sociedades de amantes de reuniões alegres à volta da mesa de jantar animadas por canções surgiu em Paris em 1729, organizada por intelectuais boêmios de origem burguesa, e contava entre seus fundadores com figuras como as do epigramista Alexis Piron (1689-1773) e dos autores de teatro e *chansonniers* Charles-François Panard (1674-1769) e Charles Collé (1709-1783).[21]

Contemporâneos da voga de interesse popular pelos espetáculos de feira em que o uso de cantigas de *vaudeville* aparecia como uma de suas maiores atrações, os intelectuais criadores do que viria constituir a Sociedade do *Caveau* nada mais faziam que incorporarem-se à mesma onda, com a particularidade de transformar em gozo privado o que constituía a tendência geral.

A ideia de formar o grupo de intelectuais afastado da vida literária dos salões convencionais postos em voga a partir da Regência (1715-1723) partiu de um comerciante e fornecedor de

---

[21] Além desses três componentes mais ativos, fariam parte dessa primeira fase da *Société du Caveau* os Crébillon, pai e filho, o libretista Fuzelier, o comediante e cantor (então em fim de carreira) Sallé (Jean-Baptiste-Nicolay Salley) e Saurin (Bernard-Joseph Saurin), então advogado e futuro poeta dramático.

drogas para a indústria, *doublé* de parodista, epigramista e *chansonnier* de nome Gallet, que costumava receber em sua casa poetas amigos como Piron, Crébillon e Collé para alegres jantares. As reuniões realizadas a cada primeiro domingo do mês, iniciadas em 1729, eram pretexto para a boa diversão de mesa, com a leitura de versos e o lançamento de canções, inclusive do próprio anfitrião, que deixaria seu nome ligado a pelo menos duas músicas antes da desastrosa falência de seu negócio em 1751: as canções populares "*La Boulangère a des écus*" e "*La Meunière du moulin à vent*".

Depois de algum tempo, os convidados de Gallet, por divergências com o anfitrião, ou — quem sabe? — pelo desejo de evoluir de meros encontros mensais de amigos para um tipo mais formal de associação literária, passaram a realizar reuniões todos os domingos na casa de pasto de um comerciante de nome Landelle, cujo estabelecimento, *Le Caveau*, situava-se no cruzamento da rua Buci (não muito longe do *Café Procope*, fronteiro à Comédie-Française, frequentado por filósofos e grandes autores da época).

Foi dessas reuniões, agora realizadas à volta das mesas desse *Caveau*, que surgiu afinal a associação ou sociedade de poetas boêmios que lhe adotaria o nome. E durante os primeiros anos, enquanto prevaleceu o espírito de camaradagem e afinidade boêmia do núcleo inicial de amigos, a iniciativa funcionou. Quando, porém, o grupo cresceu, com a admissão de novos membros não mais apenas intelectuais, mas amadores (e até pretensiosos membros da nobreza atraídos pelo "exotismo" da associação), iniciou-se a dispersão dos elementos originais e, em 1739, teve fim a Sociedade do *Caveau*.

A ideia de tal tipo de associação que, afinal, funcionava para os intelectuais boêmios como uma espécie de clube (contraponto alegre, no melhor espírito francês, aos congêneres ingleses, como o *Literary Club*, ou simplesmente *Club*, criado em Londres pelo erudito Dr. Samuel Johnson), continuaria viva, porém, durante o período de aventuras amorosas do Bem-Amado Luís XV. E foi assim que, em 1759, o coletor geral de impostos agrícolas, Pelletier, promoveu a recriação do *Caveau* em torno dos almoços oferecidos às quartas-feiras em café da moda (no subsolo no jardim do *Palais Royal*) não apenas à gente de letras, mas a figuras da nobreza da sua roda de amigos.[22] A mistura, em clima de certa formalidade, resultou na perda do espírito primitivo do encontro de intelectuais — avessos a regras de etiqueta —, e a nova fase do *Caveau* mal chegou às vésperas da Revolução. Passado, porém, o período do Terror, a animação das festas patrióticas dos anos da Convenção parece ter contribuído para a retomada do interesse dos intelectuais boêmios pelos encontros alegres do *Caveau*, que de fato ressurge em 1796 com renovado quadro de poetas (como Barre — que em 1784 fundara com o parodista Piis o teatro da rua de Chartres que viria mais tarde a ser o *Vaudeville* —, Desfontaines e, ainda, o próprio Piis, que nesse mesmo ano inicia nova fase em sua carreira compondo uma cantiga para bebedores), agora sob a denominação de "*Dîners du Vaudeville*", nome de seu novo local de reunião.

Os encontros voltavam a ser mensais, o que permitia cumprir uma exigência então aprovada: cada participante tinha que apresentar a cada jantar do grupo os versos de uma nova canção. É bem verdade que vários poetas aproveitavam para muito jeitosamente cantar as vitórias do ascendente general Napoleão, mas, ainda assim, o novo *Caveau* iria registrar o aparecimento de canções de agrado geral como "*Le Corbillon*" (O carro funerário), de Armand Gouffé, "*La Chaumière*" (A palhoça), de Ségur, o velho, "*Voyage de l'amour et du temps*", de Ségur, o moço, e ain-

---

[22] Em sua introdução à edição (sem data) do livro *Palais-Royal*, de Rétif de la Bretonne, Henri d'Alméras, ao referir que ao lado de restaurantes mais ou menos elegantes ou caros "haviam-se multiplicado cafés pequenos e amplos", cita no Palais Royal o "café do *Caveau*, esquina com a passagem do Perron, perto da loja do Gendron", e acrescenta, citando a *Correspondência secreta* de Metra: "O *Caveau* é o nome de um café muito na moda, situado no subsolo e decorado com bom gosto, no jardim do Palais Royal" (pp. 11-2, nota 1).

da, de Piis — filho de um organista tido como rival do músico Rameau —, a estimulante cantiga da *"Grande ronde à boire"*.

O clima político desencadeado pelo 18 Brumário de Napoleão — que dissolveu o Diretório e entregou o poder a um trio de cônsules monitorado por ele — não parece ter animado no geral os literatos herdeiros da irreverência do *Caveau*, que em 1802 realiza seu último *Dîner du Vaudeville*.

O espírito de corpo dos homens de letras fiéis à ideia de uma sociedade destinada ao gozo da boa mesa e dos copos virados ao som de canções, porém, ainda uma vez iria prevalecer, e por iniciativa do *chansonnier* Armand Gouffé — agora aliado a um editor de nome Capelle —, o *Caveau* reaparecia reunido no *Rocher de Cancale*, do comerciante Baleine, na rua Montorgueil.

Em sua nova formação, chamada às vezes de *Dîners du Rocher Cancale*, figuravam, além de pioneiros como Armand Gouffé, Barre, Desfontaines, Désaugiers, Piis, novos nomes como os de Paul-Émile Debraux (1796-1831), Nicolas Brazier (1783-1828), Antoine Antignac (1792-1823) e Pierre Laujon (1727-1811). E ainda outros poetas de menor nomeada como Louis Merair Dupaty, Charles Etienne, Jouy, Théaulan, Ducroy-Duminil, Cadet-Gassicourt, Grimot de la Reynière e um Philipon de La Madeleine. As reuniões no *Rocher de Cancale* realizavam-se no dia 20 de cada mês sob a presidência do mais velho dos *chansonniers*, Pierre Laujon, então com 79 anos, responsável pela elaboração de uma espécie de relatório dos encontros intitulado *"Journal des gourmands et des belles"* (tarefa que, por sua morte em 1811, passaria a seu sucessor Désaugiers).

Seria esse registro dos versos apresentados pelos *chansonniers* a cada encontro no *Rocher de Cancale* que, devidamente coligido pelo editor Capelle, iria permitir a edição anual de uma coletânea de letras de canções dos poetas boêmios intitulada *La Clé du Caveau*. Iniciativa editorial, aliás, desde logo explicada no longo subtítulo do editor Capelle à edição de 1810 da coletânea: "*La Clé du Caveau* [A Chave da Adega] para uso de todos os cancionistas franceses, amadores, autores, atores de *vaudeville* e de todos os amigos do *Cancan*, contendo 2.030 coplas, rondas, coros, cavatinas, rondós, contradanças, valsas, cânones, marchas, noturnos etc. Precedido de tábua alfabética '*des timbres*' [músicas tomadas como modelo], seguido de diversos outros índices de identificação por gêneros".[23]

Longa justificação da edição, a que P. Capelle acrescentava ainda o esclarecimento de constituir sua intenção publicar "a coleção das músicas apresentadas pelos cancionistas desta alegre reunião (o *Caveau*; aliás, os Jantares do *Rocher de Cancale*)", para concluir:

> "Com a publicação da *Clé du Caveau* acredito prestar um serviço essencial aos amantes do *Vaudeville* e da Canção, principalmente aos amadores de longe da Capital, ou que não podem frequentar teatros."[24]

O clima de alegria e jovialidade dos encontros de poetas citado pelo editor Capelle e capaz de gerar tantas canções, como comprovava a própria coletânea dos versos, podia ser demonstrado, aliás, pela forma como se admitiam novos membros ao *Caveau*. E um bom exemplo seria o da entrada para o grupo, no outono de 1813, do poeta popular Béranger (Pierre-Jean de Béranger, 1780-1857), pouco mais de vinte anos depois unanimemente aclamado "poeta nacional". Convidado por Désaugiers a jantar no *Rocher de Cancale*, Béranger foi solicitado a cantar algumas de suas composições à sobremesa, e começou com uma espécie de paródia ao clássico romance popular "*Ma tendre Suzette*" cujo personagem queixava-se da inconstância da amada Lisette, mas concluía conformado: "*Je me plains toujours d'elle,/ Et je l'aime toujours*". Só que Béranger, fazendo da Lisette de sua

---

[23] *Apud* Léon Four, *La Vie en chansons de Béranger*, Paris, Libraire Alphonse Lemerre, 1930, p. 48.

[24] *Apud* Léon Four, *op. cit.*, pp. 48-9.

A música popular que surge na Era da Revolução

versão uma *"grisette"* (uma costureirinha), concluía seu canto com uma disposição bem mais gaulesa: *"Lisette, ma Lisette,/ Tu m'as trompé toujours./ Mais vive la Grisette:/ Je veux, Lisette,/ Boire à nos amours"*.

Segundo o biógrafo do poeta, Leon Four, Béranger cantou ainda nessa sua visita aos sócios do *Caveau* várias outras composições suas mais recentes — como *"La Nature"* e *"La Vieillesse"* —, mas ao terminar o *"Le Roi d'Yvelot"*, que Paris já cantava a meia voz por temor à censura do Império, o aplauso foi geral:

"Quando acabou de cantar, os convivas gritaram: 'Esse tem que ser um dos nossos'. Acontece que os regulamentos do *Caveau* proibiam nomear, mesmo por aclamação, um candidato presente. Foi convidado, então, a 'ocultar-se atrás de um biombo, com um biscoito e um copo de champanhe nas mãos'. Era o tempo que precisava para improvisar algumas estrofes, e quando convidado a retomar seu lugar, foi com uma canção espirituosa que agradeceu a seus novos confrades."[25]

Realmente, com a música de uma canção intitulada "Ao longo, sempre ao longo do riacho", Béranger afirmava em versos ser necessário talvez naquele momento agradecer a honra que lhe faziam com um longo e imponente discurso, mas, ao mesmo tempo, sentia preocupar-se à toa. E explicava, para ser logo abraçado por todos os presentes: "Aqui não se exigem demonstrações de gênio./ Não, não é como lá na Academia./ Não é como lá na Academia".[26]

---

[25] Léon Four, *op. cit.*, p. 51.

[26] Versos de Béranger citados por Léon Four, *op. cit.*, p. 51. Béranger frequentou ainda, eventualmente, outra sociedade de *chansonniers* denominada *Souper de Momus* (Ceia de Momo), que se reunia no restaurante de certo Bauvillier, que também publicava a produção dos frequentadores.

Ainda uma vez, porém, apesar da boa organização com que se apresentava a nova versão do *Caveau*, os acontecimentos políticos iriam influir no destino da associação de poetas letristas: as discussões iniciadas em 1815 em torno da volta dos Bourbons ao poder — e que redundaria na Restauração — estavam destinadas a acirrar os ânimos entre os antes despreocupados intelectuais burgueses. E o curioso é que, tal como a eleição do poeta popular Béranger servira em 1813, no auge do poder napoleônico, para demonstrar o clima de boa camaradagem que reinava entre os *chansonniers*, sua saída do grupo serviria para ilustrar em 1815 a mudança de ânimos com a queda do Império. Segundo lembra o biógrafo do poeta, ele mesmo confirmaria a dissensão política como o principal motivo de sua retirada:

"Ante as últimas convulsões do Império, e principalmente durante os Cem dias, as diferenças de opinião não tardaram em semear a discórdia na nossa sociedade, ademais como em toda a França, e meu patriotismo não permitiu conciliar tudo o que eu via e ouvia durante os jantares."[27]

Interrompida a trajetória da Sociedade do *Caveau* pela quebra do espírito de boa e divertida convivência boêmio-literária que a caracterizava, todas as iniciativas posteriores no sentido de reviver a instituição só serviram para mostrar o desvio de suas reuniões de poetas-*chansonniers* para os encontros barulhentos de café. Realmente, após novas tentativas de reconstituição da sociedade — em 1825, sob o nome de *Réveil du Caveau*, e em 1834, de *Enfants du Caveau* —, os últimos cultivadores da proposta ultrapassada de diversão para uma elite intelectual dissolveram-se na onda das nascentes diversões de massa dos cafés-cantantes e cafés-concerto anunciadores do moderno *music-hall*. De-

---

[27] *Apud* Léon Four, *op. cit.*, p. 53.

pois de várias mudanças de local para os encontros, os integrantes da última versão do *Caveau* acabaram por distribuir-se a partir de 1865 pelas mesas do *Café Corazzo*, que instalado no *Palais Royal* também como teatro, atraía a massa urbana de Paris com a democrática promessa de folia dos seus *vaudevilles*.

6.
VERSO PRÓPRIO, SOM ALHEIO

Ante tão longa trajetória de uma sociedade de poetas boêmios dedicados à produção de versos para serem cantados, como se deu com os vários *Caveau*, é bem o caso de perguntar-se até que ponto esse núcleo de autodenominados *chansonniers* terá contribuído, na Paris da segunda metade do século XVIII, para o aparecimento do que se viria a chamar modernamente de música popular. Pois a conclusão é que, se bem entendida essa música destinada ao lazer urbano como gêneros de melodias cantadas sobre diferentes ritmos de acompanhamento, a contribuição dos poetas do *Caveau* foi nula.

Em primeiro lugar, os próprios poetas do *Caveau*, embora atribuindo-se a qualidade de *chansonniers*, não se apresentavam como compositores ou autores de música e, muitas vezes, nem mesmo como cantores. E isso era o que, por sinal, deixaria pessoalmente atestado em versos o poeta Charles-François Panard (fundador com Piron do primeiro *Caveau*), ao confessar com modéstia:

"*Peu vif dans l'entretien, craintif, discret, rêveur,
Chansonnier, sans chanter, passable coupleteur.*"[28]

O que Panard queria dizer, pois, é que como *chansonnier* julgava-se apenas um passável autor de letras para composições

---

[28] *Apud* Robert Sabatier, *Histoire de la poésie française: la poésie du dix-huitième siècle*, Paris, Albin Michel, 1975, tomo IV, p. 106.

musicais configuradas em *couplets*, cuja sucessão dos versos formava canções.

Ora, se por aqueles setecentos bastava para ser considerado *chansonnier* fazer versos para canções a serem cantadas por outros, restaria saber quem se encarregava de compor as músicas para aquelas letras produzidas pelos poetas. E a resposta a tal dúvida pode surpreender, mas é fornecida de maneira inequívoca pela história da evolução da música do povo das cidades desde o século XVI: os versos destinados ao canto não precisavam necessariamente de alguém que os musicasse, pois a regra era revesti-los com a solfa de cantigas já consagradas pela tradição.

Uma prova da antiguidade desse uso pode ser encontrada no quinhentos, em Portugal, quando na *Comédia Eufrosina* de Ferreira de Vasconcelos, de 1566, o personagem Cariófilo critica os fazedores de romances populares da época por tangerem "tudo sobre o 'Conde Claros'", ou seja, seguindo sempre e sem variação a mesma toada daquele "sucesso". E o personagem Cariófilo devia ter razão, pois quinze anos mais tarde, segundo rubrica do autor anônimo do *Auto de D. André*, de 1581, ainda se dispunha assim a entrada em cena do personagem ratinho (humilde pajem de casa nobre, que aprendera a tocar viola para tentar a conquista da criada Ilária):

> "Entra o ratinho
> já como paje, fazendo o conde
> Claros nhua [em uma] guitarra, e diz
>
> 'Ora sus alto calar
> q segundo eu tengo geyto
> antes do mes acabar
> ey de aprender a eyto
> muy bem tanger e cantar'."[29]

---

[29] Os exemplos citados figuram no capítulo "Antiguinhas de uma 'cer-

Eis, pois, como se pode concluir, a repetição do mesmo recurso que se viria a praticar na Paris setecentista, ao aproveitarem-se as músicas do povo comum, classificadas genericamente de *vaudevilles*, para ensoar os versos dos poetas chamados — por sua habilidade em criar letras — de *chansonniers*.

Essa predominância dos versos sobre a solfa nos cantares da cidade (porque no campo não se dispensava a música, por serem as cantigas sempre dançadas) explicava-se pela tradição do canto solo dos pedintes e menestréis de rua herdeiros do velho estilo do cantar romance. Estilo que tinha, por sinal, sua origem mais remota nos antigos cantos épicos, destinados a evoluir de seu tom recitativo original para o canto rítmico-melódico do que seria a canção.[30]

Como concordavam neste ponto todos os estudiosos da música popular francesa, essa superioridade dos versos sobre a música, no caso das canções de *vaudeville*, devia-se ao fato de o interesse maior dos cantantes recair não sobre a melodia do canto, mas sobre o sentido do que estava sendo cantado. E era o que já em seu *Dicionário de música* de 1738 reconhecia o filósofo-músico-escritor Jean-Jacques Rousseau, ao registrar:

"Os *vaudevilles* soam comumente pouco musicais: como só se dá atenção às palavras, a música serve apenas para conferir um certo apoio à recitação; no mais, não existe, em geral, gosto, canto ou medida."[31]

---

ta relé'", às pp. 37-46 do livro do autor, *As origens da canção urbana* (Lisboa, Editorial Caminho, 1997), em que estuda o surgimento dos cantares do povo urbano de Lisboa, em fenômeno equivalente ao do aparecimento dos *vaudevilles* em Paris.

[30] O autor procura desenvolver a história dessa evolução da recitação-cantada dos poemas épicos até o canto solista acompanhado da moderna canção em seu citado livro *As origens da canção urbana*.

[31] "*L'air des vaudevilles est communément peu musical: comme on*

A música popular que surge na Era da Revolução

De fato, seria essa característica de canto mais falado do que preocupado com a roupagem musical o que iria explicar a evolução das antigas coplas de *vaudeville*, pelo correr do século XIX, na direção de um novo estilo de canção não apenas cantada, mas representada, destinada a consagrar nos palcos a figura do cantor-ator chamado *chanteur-diseur*.

No que se referia às composições produzidas pelos poetas do *Caveau*, o caso pessoal das canções do próprio fundador do clube, Alexis Piron, servia para demonstrar essa prevalência dos versos sobre a parte musical ainda pelas primeiras décadas do oitocentos. Conforme a publicação de suas 35 canções no tomo 9 das *Oeuvres completes et illustrées de Alexis Piron*, sob a responsabilidade de Pierre Dufay, apenas quatro delas não indicavam a procedência das músicas com as quais deviam ser cantadas. Todas as 31 demais "letras" traziam sob seus títulos a indicação: "*Air: De la Marche des Janissaires*", "*Air: De la Frelane*". Ou, mais claramente: "*Sur l'air: De la Béquille du Père Barraba*", "*Sur l'air: Des Gris vêtus*", "*Sur l'air de Cahin-cahe*" etc. — o que equivalia a apontar, em cada caso, a música conhecida na época sobre a qual deviam os versos ser cantados.[32]

Essa escolha da música de algum dos muitos cantares de *vaudeville* para o apoio sonoro de seus versos não deveria ser difícil para o epigramista Piron, pois não faltava ao poeta o mesmo espírito de malícia que caracterizava a maioria daquelas can-

---

n'y fait attention qu'aux paroles, l'air ne sert qu'à rendre la recitation un peu plus appuyé; du reste on n'y sent, pour lórdinaire ni goût, ni chant ni mesure."

[32] *Oeuvres complètes et illustrées de Alexis Piron*, Paris, Chez Francis Guillot, MCMXXXI [1931], tomo IX, pp. 233-84. Essa tradição continuaria no século XIX como demonstra a publicação de 72 canções de Paul Béranger, onde também se indica abaixo do título de cada composição o nome da música conhecida com que devia ser cantada. Ver coletânea de P. J. de Béranger, *Chansons choises, Lettres*, organizada por Alphons Séché, Paris, Louis-Michaud, s/d.

tigas impregnadas do velho estilo preconceituosamente chamado de "*pont-neuf*".[33] O espírito de Piron (aliás, vetado pela Academia Francesa por ter estreado literariamente em Paris em 1718, vindo da Borgonha, com uma obscena "*Ode a Priape*") se revelava, por exemplo, na letra que indicava feita para ser cantada com a música de cantiga "*Jupin de grand matin*":

> "*Ce petit air badin,*
> *Ce transport soudain*
> *Marque un mauvaise dessein:*
> *Tout ce train*
> *Me lasse à la fin:*
> *De dessus mon sein,*
> *Retirez cette main.*
> *Que fait l'autre à mes pieds:*
> *Vous essayez*
> *De passer le genou:*
> *Êtes-vous fou?*
> *Voulez-vous bien finir,*
> *Et vous tenir:*
> *Il arrivera, Monsier,*
> *Un malheur,*
> *Ah, c'est trop s'oublier:*
> *Je vais crier:*

---

[33] Este nome, atribuído pelos poetas eruditos a tudo o que parecesse vulgar e popularescamente grosseiro, devia-se ao fato de, desde 1531 — quando sob o nome de Pont-Neuf (Ponte Nova) inaugurou-se em Paris a primeira ponte unindo diretamente as duas margens do rio Sena —, ser junto à estátua de Henrique IV, erguida na sua parte central, que se reuniam os cantores de rua, vendedores de folhetos, saltimbancos e malandros da cidade. Uma boa visão histórica da vida popular parisiense desde o século XV é fornecida por Pierre Hiegel em reportagem para a página "História" do jornal *O Globo* do Rio de Janeiro, publicada na edição de 1º de outubro de 1972 sob o título "A canção popular nasceu com os cantores de rua".

A música popular que surge na Era da Revolução

Tout me manque à la fois;
Et force & voix...
En entrant avez-vous
Tirez du moins, sur nous,
Les verrous?"[34]

Do ponto de vista da produção do que mais tarde se viria entender por música popular urbana, os versos dos poetas do *Caveau* não passaram, portanto, de diversão literária pessoal de boêmios de bom nível cultural, amparada na popularidade do repertório tradicional da Paris de seu tempo.

---

[34] Versos transcritos por Pierre Dufay, *Oeuvres complètes et illustrées de Alexis Piron, op. cit.*, tomo IX, pp. 243-4. Em tradução literal do autor: "Esse arzinho brincalhão,/ Esse entusiasmo repentino/ Indica má intenção:/ Essa manobra toda/ É que afinal me aborrece:/ De cima do meu seio/ Retira essa mão/ E o que faz a outra nos meus pés!/ Você já tenta/ Passar dos joelhos:/ Ficou maluco?/ Queira acabar com isso/ E se comportar!/ Prevejo, Senhor/ Uma desgraça./ Ah! é muito atrevimento:/ Vou gritar:/ Já tudo me falta/ As forças, a voz.../ Quando entrou/ Pelo menos trancou bem a porta?".

7.
O CANTAR PROLETÁRIO DAS "*GOGUETTES*"

O mesmo clima de discussões políticas provocado pela restauração monárquica dos Bourbons, que pôs fim aos atrevimentos bem comportados dos *chansonniers* do *Caveau*, fez surgir em Paris, sob o nome de *goguette*, um novo tipo de associação cantante que viria constituir uma espécie de contraponto proletário à iniciativa daqueles poetas cultos.

Formadas por trabalhadores das indústrias que se multiplicavam na França, aproveitando o período de paz que sucedeu ao cansaço geral dos 25 anos de guerras napoleônicas, as *goguettes* constituíam em verdade grupos de cantores boêmios que se apresentavam como amadores em cabarés e demonstravam pelas ruas o seu talento durante festividades públicas.

O espírito folgazão dos *goguettiers* componentes dos grupos revelava-se na escolha do próprio nome, pois *goguette* tinha no francês da época o significado de tirada espirituosa, com certo caráter provocativo, no mesmo sentido do que, no Brasil, se classifica popularmente como "gracinha". "Gracinhas" que podiam eventualmente envolver sentido injurioso, o que explicava desde logo expressões como "*chanter goguette*" ou "*goguettes à quelqu'un*" — lançar injúrias ou agredir alguém com pesadas censuras verbais. Isso numa evolução de significado que se explicava, aliás, pelo fato de *goguette*, ao indicar também reunião festiva de caráter muito livre, poder estender seu sentido para o estar "alegre" por exagero na bebida: "*Être en goguette*", ou "*Se mettre en goguette*" ou "*goguettes*".

Pois se esse era o tom adotado pelos componentes dos grupos de *goguette* em suas cantorias, sempre que as letras envolvessem temas políticos a reação das autoridades não devia ser das melhores. E era isso certamente o que acontecia, pois, como indicam as raras notícias sobre essas originais associações de cantores de rua de Paris, suas reuniões realizavam-se às escondidas da polícia, o que devia constituir para os *goguettiers* um encanto a mais em seu propósito de provocação.

Como os grupos de *goguette* eram formados basicamente por trabalhadores urbanos — como o autodidata autor de canções de sátira política Charles-Eugène Gîlle (1820-1850), Paul-Emile Debraux (1796-1831), que atacava a Restauração e o militarismo (*"Soldat, t'en souvient-tois?"* — "Lembras-te, soldado?"), ou Eugène Pottier (1816-1887), operário empacotador, que das canções políticas na *goguette* chegaria, anos depois, à autoria dos versos do hino da *Internacional* —, motivos de crítica não faltavam. As *goguettes* apareciam para registrar a visão política popular no período histórico que mediava duas restaurações monárquicas dos Bourbons — a primeira de abril de 1814 a março de 1815, a segunda de julho de 1815 à Revolução de 1830 —, tendo de permeio os cem dias da rocambolesca volta de Napoleão Bonaparte, contados entre sua fuga da ilha de Elba ao retorno à prisão na ilha de Santa Helena, até sua morte em 1821. Motivos de crítica que continuariam após a morte de Luís XVIII em 1824 e a queda de seu sucessor Carlos X em 1830, quando se inaugura com Luís Filipe a Monarquia de Julho, destinada a desembocar na Revolução de 1848 e posterior eleição de Luís Napoleão a "príncipe-presidente", e que logo, com um golpe, inaugura o II Império em 1851.

Surgidos no período da restauração quebrado pela breve e desventurada volta de Napoleão, os grupos de provocantes cultivadores de canções políticas vinham de certa forma instituir a politização do humor meramente chocarreiro dos *chansonniers* populares da Pont-Neuf. Essa transformação da tradicional irreverência do povo de Paris em versos de intenção crítico-política explicava-se pela própria evolução da gente das baixas camadas da cidade que, da participação nos fatos históricos apenas como massa (como acontecera durante a Grande Revolução), começava a preparar-se — com o advento das ideias socialistas — para uma representação mais organizada.

Realmente, apesar do período de paz na Europa entre o fim das guerras napoleônicas, com a volta dos Bourbons em 1814--1815, e a Guerra da Crimeia iniciada por Luís Napoleão em 1854 (a fim de consolidar seu poder imperial, agora como Napoleão III), a vida da população em geral havia piorado. O desemprego aumentara em todos os tipos de atividades e, então, pela primeira vez, os trabalhadores — principalmente os operários das modernas indústrias — começaram a enxergar os problemas sociais como resultado de um desajuste nas relações entre capital e trabalho. O caminho para a tentativa de superação desse problema, visto agora como de origem econômica, começou a ser pensado pelos trabalhadores a partir das propostas teóricas de política econômica dos três mais influentes nomes do que se chamaria de socialismo utópico: Saint-Simon (Claude-Henry de Rouvroy, conde de, 1760-1825), Fourier (François-Marie-Charles, 1772-1887) e Owen (Robert Owen, 1771-1858). E, assim, como Saint-Simon — que pregava o estudo científico da sociedade — concluía só ser possível a superação dos antagonismos por uma associação universal; como Fourier indicava para solução do mesmo problema o trabalho comunitário (em unidades chamadas de falanges); e como Owen propunha o caminho das sociedades cooperativas de produção e de consumo, o que resultava para os trabalhadores era a ideia geral de que só organizados em associações de classe conseguiriam vencer a força do capital. Pois seria essa ideia associativa que, ao efetivar-se politicamente como forma de luta enquadrada sob o nome de socialismo, iria gerar, por extensão, no plano cultural, a organização de grupos interessados no gozo de certos prazeres em comum.

De fato, constituiu um fenômeno do século XVIII francês não apenas a reunião de intelectuais burgueses em cafés ou clubes privados, de tipo inglês, mas de gente das baixas camadas das cidades, às vezes moradores da mesma rua, organizados em grupos para o alegre exercício de desordens (a exemplo dos *street-clubs* londrinos e dos grupos de bairros vizinhos de Lisboa chamados de apedrejadores, por disputarem batalhas campais a pedradas). Ao seguir essa tendência da época à associação para o desempenho de objetivos particulares, os componentes das *goguettes*, se mantinham por esse lado semelhança com os intelectuais do *Caveau*, diferiam em tudo o mais em seus encontros para o exercício de cantorias em comum. Envolvidos pelo clima de discussão política, e cada vez mais revestidos de uma visão de classe, os *chansonniers* operários usavam suas canções como instrumento de crítica e de sátira contra o Poder e a Igreja. E foi essa atitude nova de politização do cantar popular, aliás, que levou pelo entusiasmo geral (inclusive patriótico, pois os cantores de rua também cultivavam o tema)[35] ao aparecimento de *goguettes* pelos anos de 1840 em praticamente cada bairro de Paris.

Transformadas, desse modo, em equivalentes politizadas dos *street-clubs* londrinos, dedicados apenas à farra desordeira, as *goguettes* de Paris passavam em todo o caso a indicar sua origem popular nas próprias denominações adotadas pelos diferentes grupos. Conforme o espírito a presidir cada associação, as *goguettes* recebiam nomes bem-humorados como *Société des Baillards* (Sociedades dos Berradores), dos *Gamins* (da Garotada), dos *Bons Enfants* (dos Bons Meninos), dos *Lapins* (dos Valentões), dos *Frileux* (dos Friorentos, ou, talvez, dos Medrosos, na gíria da época) e dos Infernais.

Tal como no caso dos poetas do *Caveau*, os componentes dos grupos de cantores de rua das *goguettes* provavelmente não compunham músicas para seus versos, mas a prova de que o resultado final incomodava os poderosos transparecia no fato de,

---

[35] Interesse temático que pode ser exemplificado em composições como as dos poetas Gîlle, em "*Le Bataillon de la Moselle*" e "*La Trente Deuzième Brigade*", e D'Ebraux, em "*La Collone*" (referência à chamada Coluna de Julho, erguida na Praça da Bastilha em 1840, em lembrança da revolução de 1830).

logo após o advento do II Império, com Luís Bonaparte declarando-se Napoleão III, uma das primeiras medidas do governo ter sido a proibição de tais sociedades de *chansonniers* populares.

De qualquer forma, se os *goguettiers* de origem popular não chegaram a criar qualquer gênero novo de canção que se pudesse enquadrar no sentido moderno de música popular urbana, ao menos a existência histórica de um *café-chantant-goguette* no 15 Boulevard Malesherbes de Paris (que alcançaria a década de 1870) demonstra que eles chegaram perto. Segundo o autor da *Histoire du music-hall*, Jacques Fischotte, a partir de 1874 o *café-chantant-goguette*, criado ainda no II Império por um certo Flécheux, iria transformar-se num *music-hall*, a cujas atrações se acrescentaria sempre os então atualíssimos *tours de chants*, em que pontificava o tipo clássico de canção de palco lançada por Paulus.[36]

---

[36] Informação fornecida por Jacque Sischotte em *Histoire du music-hall*, Paris, Presses Universitaires de France, 1965, p. 106.

8.
NOS CAFÉS-CANTANTES OS HINOS VIRAM CANÇÃO

Se, tal como se deduz das informações históricas, os grupos organizados de *chansonniers* parisienses — de nível erudito nos vários *Caveau* e popular nas muitas *goguettes* — não chegaram a ultrapassar musicalmente os gêneros tradicionais de que se serviam, um novo estilo de canção iria aparecer na segunda metade do século XIX amparado em um tipo de sonoridade que nunca deixara de ser cultivada na França desde a Grande Revolução: a música militar.

Caracterizada pela regularidade rítmica imposta pela função precípua de ordenar o passo dos soldados em marcha, e sobre a qual se pode montar uma linha melódica propícia à fácil memorização dos versos dispostos em discurso linear contínuo, a música militar estava destinada, com o tempo, a não restringir-se mais apenas à criação de marchas e de hinos.

Essa desmarcialização do ritmo básico das marchas, que deveu-se ao ato de reunirem-se as pessoas em locais públicos para cantar ou ouvir cantar — primeiro nos cabarés vindos do século XVIII, depois nos cafés-cantantes do período da monarquia de julho (1830-1848) e finalmente nos cafés-concerto da república burguesa (1848-1852) e do II Império (1852-1870) —, estabeleceu tal identificação entre os frequentadores, que foram as suas próprias vidas que eles quiseram ver representadas nas letras das canções. Identificação com a realidade já há muito cultivada pelos *chansonniers* anônimos da Pont-Neuf, ao misturarem aos temas históricos (como o do "*La Prison du Roi François*") o relato dos crimes do dia (como fazia o cego Pantalon Phoebus ainda antes da Regência de 1715). Só que, agora, o que o novo público de pequeno-burgueses dos cafés-cantantes — e, logo, dos cafés-concerto e *music-halls* — desejava, era ouvir cantar temas de amor (na linha dos históricos lais líricos, árias da corte e romances) ao lado da descrição bem-humorada de episódios da sua própria realidade.

Isso foi conseguido como resultado de uma evolução iniciada ainda antes da Revolução, com o aparecimento, no recém-criado Boulevard du Temple, dos chamados cafés *musico* (assim mesmo grafado em francês), em que cantores apresentavam-se a circular por entre as mesas, na maior intimidade com o público. Multiplicados durante o período revolucionário à volta dos novos teatros surgidos com a lei liberatória de 1791 (*Café des Arts, Café National, Café Turc, Café Godet*), apesar de proibidos durante o I Império (1804-1815) e a Restauração (1815-1830), reaparecem pelos fins do reinado de Luís Filipe (1830-1848) para atingir seu apogeu sob Napoleão III (1852), já agora com o nome de cafés-cantantes.

Nesses cafés-cantantes — dos quais um dos pioneiros seria em 1840 o *Ambassadeurs* (desde 1764 funcionando apenas como café ao ar livre nos jardins dos Champs-Elysées) — podiam apresentar-se não só os cultores dos gêneros de rua, herdeiros da tradição da Pont-Neuf, mas talvez também antigos membros das então proibidas *goguettes*, como parece indicar a citada existência do *café-chantant-goguette* do Boulevard Malesherbes. E o sucesso desses novos locais de diversão urbana seria tão grande, que a partir da segunda metade daqueles 1800, vários cafés-cantantes começaram a ser ampliados com a construção de pequenos palcos — às vezes simples estrados um pouco mais elevados em relação às mesas —, onde os números de canto passariam a partilhar seu interesse junto ao público com novas atrações. Algumas, aliás, em verdade tão antigas quanto a tradição do circo de onde vinham, como as do tocador de vários instrumentos, o ventríloquo e a mulher barbada, apresentadas como curiosidades após a representação de breves cenas dialogadas. Era o surgimento dos cafés-concerto, evidenciado no aparecimento sucessivo de novas casas, como o *Jardin de Paris* (1855), o *Alcazar d'Été* (em 1860, no lugar do *Café Morel*, que vinha de 1841), o *La Scala* (em 1860, como evolução de um café-cantante erguido no lugar de antigo albergue), o *Eldorado* (em 1861, substituindo antiga casa mal sucedida de 1858), o *Ambassadeurs* (em 1867, ao acrescentar um restaurante ao quiosque que abrigava velho café-cantante setecentista), o *Casino de Paris* (o primeiro nome em 1868) e o *Folies-Bergère* (em 1869, também como evolução de um café-cantante situado no local do antigo *magasin* chamado Colunas de Hércules). Estabelecimentos pioneiros a que se seguiriam pelo menos mais uma dezena até o final do século, já na era do *music-hall*.

Foi nesses palcos que, ao lado de múltiplos números de "variedades", viria surgir, afinal, a partir da década de 1870, um novo gênero de canção popular nitidamente influenciado pelo ritmo linear das velhas marchas e hinos marciais da era revolucionária de 1789, sempre presente numa tradição de patriótico culto sonoro a feitos militares.

Esse ressurgimento do gosto popular pelas canções de tom marcial, no momento mesmo da popularização dos números de canto em palcos de cafés-concerto e, logo, de teatros de *music-hall*, deveu-se ao inesperado clima de comoção nacional desencadeado pela derrota da França frente à Alemanha em 1870.

9.
DERROTA NA GUERRA
GERA O CANTO DO DESENCANTO

Com essa explosão de emoção coletiva — destinada, aliás, a repetir-se meio século depois, quando da grande guerra de 1914 a 1918 —, a velha tendência francesa de transformação de acontecimentos belicosos em cantos patrióticos voltava a eclodir, mas sob a forma, agora, de imenso lamento nacional. E era exatamente nos palcos dos cafés-concerto — que a voz popular começava a chamar com intimidade apenas de *caf' conc'* — que esse desencanto iria desabar, sob a forma de canções ressentidas ou raivosas. Sentimento que era preciso compreender em sua dimensão histórica, como faria Jacques-Charles ao observar em seu livro *Cem anos de music-hall*:

"Os que zombam do patriotismo do *caf' conc'* não se dão conta da atmosfera daquelas noites que se seguiram à derrota de 1870, quando as canções de vingança e de dor faziam vibrar e chorar, sim, chorar o público das salas. Foi por essas noites que Amiati lançou 'O mestre escola alsaciano' e em que foram igualmente lançados 'Uma tumba nos trigais' e mais tarde 'O beijo dos adeuses', de Paul Henrion."[37]

Essa Amiati (Marie-Thérèse Amiati) — exatamente no ano de 1871, no auge de sua carreira de sucesso como cantora no

---

[37] Jacques-Charles, *Cent ans de music-hall*, Genève/Paris, Éditions Jeheber, s/d [1956], p. 108.

Eldorado — iria tornar-se de fato uma espécie de musa da dor nacional francesa, "cantando as desgraças da pátria enlutada", como escreveria ainda Jacques-Charles, para acrescentar: "Ela eletrizava literalmente a sala. E a ela caberia a criação de 'O clarim', de Paul Déroulède".[38]

Ora, como esse recrudescimento da popularidade das canções de clima marcial coincidia com a tendência à transformação dos cafés-concerto, ante o crescente gosto pelos espetáculos de "variedades", em palcos do moderno estilo chamado de *music-hall*, não seria surpresa ver o ritmo bem marcado das marchas e hinos ser chamado a figurar em seu repertório de canções.

O caminho para o aparecimento do novo gênero de canção particular do teatro de variedades seria aberto em 1868 por um original cantor-ator, Paul Rabans, que sob o nome artístico de Paulus iria tornar-se o criador de um estilo de canto representado em que usava recursos de interpretação ao manejar com evidente intenção teatral sua cartola e sua bengala.

A primeira experiência do cantor como ator foi realizada por Paulus no palco do *Jardim Oriental*, na cidade de Toulouse em 1868, ao interpretar a composição de Antonin Louis para a peça de Phillibert Burani *Les Pompiers de Nanterre* (Os bombeiros de Nanterre) cercado por extras vestidos de bombeiros que repetiam em coro o refrão cantado por ele. Tudo para terminar com um ruidoso e movimentado galope de quadrilha, posto em moda sob o nome de *cancan* em Paris, desde o estrondoso sucesso da opereta de Jacques Offenbach, *Orfeu no inferno*, em 1858.

Muito curiosamente, a musica de Antonin Louis abria com uma alvoroçada fanfarra militar em tempo de marcha, certamente não estranha aos ouvidos de Paulus, que dois anos antes tomara

---

[38] Jacques-Charles, *op. cit.*, p. 106. Paul Déroulède dera baixa do Exército como tenente em 1870 e, antes de ingressar na política, ficaria conhecido pela autoria de canções inspiradas por desejos de revanche e cujos versos publicaria em 1872 sob o título de *Cantos do soldado*, a que logo se seguiriam os *Novos cantos dos soldados*.

parte na festa comemorativa de proclamação da República, no *Casino de Lyon*, interpretando o famoso canto revolucionário da "Canção da partida".[39]

Foi com certeza essa ligação com as canções patrióticas em voga que permitiu a Paulus completar em 1886 sua experiência de canto representado, ao interpretar no palco do *La Scala*, em Paris, com declarada intenção teatral, a canção de Lucien Delorme e Léon Garnier, sobre música de Louis-Cézar Desormes, "*En revenant de la revue*" ("De volta da revista", aqui com sentido de revista militar, parada).

Entusiasmado com o tema musical de um balé de Desormes que ouvira no *Folies-Bergère*, Paulus pede autorização para uso de uma das músicas como canção. Certamente atraído pelo fato de tratar-se de uma nítida marcha militar, Paulus pede à dupla de letristas seus amigos, Delorme e Garnier, uma letra coerente com o espírito da música, e eles desenvolvem então em versos uma cena de costumes parisiense: a volta à casa de uma típica família do povo, após assistir a uma pomposa e colorida revista militar às tropas. Paulus lança essa composição intitulada "*En revenant de la revue*" (em cuja partitura constava a indicação de gênero "canção-marcha") em seu retorno ao *La Scala* em maio de 1886. E, quando numa das apresentações é registrada a presença na plateia do general Boulanger — então em grande evidência na França —, põe em prática a inovação que o consagraria: monta a bengala, como fazem as crianças brincando de "cavalinho", e solta a voz a "cavalgar" pelo palco. Isso para, logo, levar sua inesperada atuação ao auge quando, ao chegar em sua interpretação

---

[39] A informação é de Jacques-Charles em seu citado *Cem anos de music-hall*, acrescentando que na mesma noite Simon Max cantou "A Marselhesa" e a "Internacional", enquanto o ator Plessis fazia evoluções pelo palco manejando uma baqueta de tambor e um fuzil (p. 102). Jacques-Charles registra ainda que Paulus acabara de alistar-se no Exército em Lyon, mas três meses depois, ao deslocar-se seu regimento para o Loire, o trem em que viajava descarrilhou e ele teve baixa por sair ferido.

aos versos "*Moi, j'faisais qu'admirer/ Tous nos braves troupiers*" ["Minha admiração era toda/ Para nossos bravos soldados"], muda espertamente o texto para: "*Moi, j'faisais qu'admirer/ Notr' brav' général Boulanger*" [Minha admiração era toda/ Para nosso bravo general Boulanger"].

Ante o agrado da novidade, Paulus foi além e passou a rodar a cartola na ponta da bengala acompanhando os movimentos de sua dança. O êxito da novidade foi tamanho, que o cantor incorporou desde então esse recurso do canto teatralmente representado às suas apresentações, o que lhe valeria — pelo agitado movimento das pernas — a definição de *gambilleur*,[40] consagradora da originalidade da sua criação.

---

[40] A palavra, com origem no italiano *gamba*, "perna", daria origem no francês popular a *gambiller*, "balançar as pernas pendentes", o que explicaria o *gambilleur* para o que agita muito as pernas na dança. No Brasil, a *gamba* italiana daria "gambito" (às vezes "cambito") para perna fina, estendendo-se também o sentido para a área da dança através da expressão "cair na gâmbia", registrada por Raul Pederneiras em seu *Geringonça carioca: verbetes para um dicionário de gíria* (Rio de Janeiro, Oficinas do Jornal do Brasil, 1922), com o significado de dançar.

10.
MARCHA DE ATOR-CANTOR CHEGA A GALOPE

O novo estilo de interpretação de canções de palco do teatro musicado revelou perfeita coerência com as características gerais daquele tipo de canto destinado apenas ao entretenimento momentâneo de um público preocupado com diversão. Com os antigos cantares de tradição urbana que figuraram com brilho próprio nas comédias "com *vaudevilles*" já dependentes dos entrechos nas "comédias-*vaudeville*", a progressiva valorização do texto nos novos tipos de espetáculo estava destinada a acelerar essa tendência à perda de importância da canção em si, afinal configurada na criação da ópera cômica. De fato, o aparecimento dessa nova fórmula, quando as próprias comédias-*vaudeville* já eram chamadas apenas de *vaudeville*, levou, a partir de 1850, o gênero musical à concorrência com as comédias de costumes (em que nem sempre se cantava) e, logo, com as operetas (em que predominavam os sons da orquestra e as vozes em coro). Assim, o que se chamava genericamente de canção iria tornar-se apenas número de canto em cafés-concerto, em revistas e no *music-hall*, que herdava dos cabarés a atração de *"tours de chant"*.

É neste ponto em que, favorecida pela autorização de 1867 ao uso de recursos teatrais em palcos de café-concerto, aparece a novidade de Paulus, transformando a interpretação de números de canto em misto de representação e dança. Essa possibilidade de interpretar teatralmente o tema das letras das canções geraria, desde logo, a criação de personagens típicos, com o aparecimento de cantores-atores especializados em figuras cômicas como as do bêbado (*pochard*), do policial fardado (*troupier*), do provinciano (*paysan*), do velho galante (*vieux beau*) e do janota (*gom-*

meux), destinados a figurar como contraponto aos que se valiam da boa voz (*chanteur à voix*), do encanto pessoal (*chanteur de charme*). Ou, ainda, os que se dedicavam apenas a determinados gêneros — a valsa, o romance — ou partiam para a imitação, o ventriloquismo, o transformismo ou outras atrações de circo.

Essa moderna tendência à interpretação nos palcos, embora implicasse algum empobrecimento da arte do canto pela redução do repertório popular a estereótipos, não deixaria de socorrer-se de certas características da velha tradição dos *vaudevilles*. De fato, como a trajetória do cantar popular parisiense, desde sua origem entre os cantores de rua da Pont-Neuf e dos estrados das feiras, mantinha a linha de predomínio da palavra sobre a melodia, toda a ênfase do canto recaía sobre o sentido dos versos, que invariavelmente envolviam cenas ou histórias realistas, fossem de caráter histórico, cômico ou sentimental.

Assim, quando a variedade dos temas estruturou-se de forma padronizada em diferentes estilos de canto — principalmente de caráter descritivo cômico ou burlesco —, a adoção de um tipo de acompanhamento rítmico igualmente padronizado era tudo o que a interpretação teatralizada precisava para realçar as qualidades do cantor-ator.

Ora, como isso acontecia no momento mesmo da volta das canções patrióticas, nada mais natural que o sucesso desencadeador do moderno estilo de canção representada fosse o ritmo da marcha militar "*En revenant de la revue*", tão oportunamente lançada por Paulus em 1886 no palco do *La Scala* de Paris.

Realmente, desde a explosiva criação de Paulus para essa música, as canções de palco parisienses (e, por extensão natural, de toda a França) passaram a repousar sobre a regularidade do ritmo bem marcado das marchas militares de desfile, o que iria permitir aos intérpretes-atores praticamente declamar as histórias das letras, segundo o estilo que lhes garantira o título de "*chanteurs-diseurs*".

O impacto da criação de tal modalidade de canto teatralmente interpretado foi de tal ordem que, a partir de fins da mesma década de 1880, a novidade parisiense de *"mimer une chanson"* (representar uma canção) espalhou-se por todos os países atingidos pela influência francesa, principalmente nas Américas. No Brasil, onde desde 1859 um empresário francês de nome Joseph Arnaud mantinha um café-cantante, o *Alcazar Lyrique*, na rua da Vala (hoje Uruguaiana, então zona central da cidade do Rio de Janeiro), a repercussão foi imediata. Assim como no café-concerto *Salão Parisiense*, depois *Folies Parisiennes*, da rua dos Inválidos, com a novidade sendo sempre conhecida pelo nome que consagraria o gênero no Brasil: cançoneta. Adoção de nome que talvez se explique pelo fato de o lançamento do novo estilo de canção ter acontecido no *Alcazar Lyrique* com um *"vaudeville en un acte"*, de Maro Michel e Labiche, que prometia, entre as atrações de seu programa, a apresentação das músicas "*Adieux M. Langureux, chansonette par Mlle. Adeline*", e "*Le Vieux braconier, chansonette par M. Amedée*".

De qualquer forma, seria sempre sob esse nome de cançoneta que o gênero faria carreira nos palcos brasileiros, desde aqueles fins do século XIX até a Primeira Guerra Mundial, como este autor registraria em seu livro *História social da música popular brasileira*, com a observação:

> "Transformada por força do gosto do público carioca quase exclusivamente como canção humorística, a cançoneta — que não chegaria a constituir gênero musical determinado, mas teria o nome usado para qualquer cantiga engraçada ou maliciosa pelo duplo sentido — permaneceu por mais de meio século como especialidade de artistas-cantores não apenas daqueles cafés-cantantes e cafés-concerto (e logo das 'revistas do ano'), mas dos novos locais de diversão que se abriram para atender as camadas mais baixas da população."

E acrescentava:

"A cançoneta chegava, assim, à arena dos circos e aos estrados que faziam de palco nos chopes-berrantes, estes já anunciando pela própria ironia da oposição entre 'cantante' e 'berrante' a definitiva proletarização do estilo que descia ao nível do público dos tomadores de chope."[41]

A história dessa cançoneta francesa iria ficar marcada no Brasil, aliás, pela influência de pelo menos duas criações de Paulus: a primeira em 1888, quando na "revista do ano" de Oscar Pederneiras, intitulada exatamente *1888*, surgiu como grande novidade a cançoneta "A missa campal", sobre a música do "*En revenant de la revue*", em que a letra — assinada pelo autor da peça — não passava de verdadeiro pasticho da história da dupla Delorme e Garnier, ao descrever a volta de uma família de um desfile militar. E, realmente, Oscar Pederneiras, ante os versos franceses "Chefe que sou de uma família alegre/ Há muito tinha o projeto/ De levar minha mulher, minha irmã e minha filha/ A assistir a revista de 14 de Julho", simplesmente "traduziu":

"Tendo um gênio vivo e pagodista
Para a bela pândega descaio...
Fui com a família p'ra revista
Em honra do Treze de Maio."

Quer dizer: enquanto os letristas franceses traçavam um quadro de costumes parisienses retratando as peripécias da ida de uma família à festa comemorativa do Dia Nacional da França, o esperto revistógrafo carioca substituía o 14 de Julho pelo 13 de Maio, dia em que, naquele mesmo ano de 1888, a Princesa Isabel decreta o fim do regime de escravidão no Brasil.

---

[41] José Ramos Tinhorão, *História social da música popular brasileira*, 2ª ed., São Paulo, Editora 34, 1998, pp. 213-4.

A segunda contribuição via Paulus — já agora não para o teatro musicado, mas para o carnaval brasileiro — resultaria da apresentação no *Alcazar Lyrique* no Rio de Janeiro, em 1869, da *"excentricité burlesque" Les Pompiers de Nanterre*, por uma *Troupe Parisienne* naturalmente esperançosa de conseguir no Brasil o mesmo sucesso alcançado na França por Paulus, um ano antes, no palco do *Jardim Oriental* de Toulouse. Aconteceu, porém, que, ante o som marcial da fanfarra que abria a peça de Antonin Louis, o ator-autor cômico carioca Francisco Correia Vasques (1839-1892) percebeu na acentuada marcação do tempo forte do 2/4 da música francesa ser possível encaixar, com maior justeza, as atordoantes pancadas de bombos desferidas pelas ruas do Rio de Janeiro durante o carnaval por representantes da colônia portuguesa local, sob o nome de Zé Pereira.[42] Foi o ponto de partida para a adaptação desse *Bombeiros de Nanterre* para a realidade do Rio de Janeiro sob o título de *Zé Pereira carnavalesco*,[43] o que o ator Vasques habilmente conseguiu com a inclusão dos versos "E viva o Zé Pereira/ Pois que a ninguém faz mal/ E viva a bebedeira/ Nos dias de carnaval", encaixados como estribilho sonoro marcado pelo ribombar do Zé Pereira: "Zim, balalá: Zim, balalá:/ E viva o carnaval".

[42] O Zé Pereira, equivocadamente dado como invenção de um sapateiro português do Rio de Janeiro chamado José Nogueira de Azevedo Paredes (que, de fato, costumava sair com seu tambor nos carnavais do Rio), constituiu na verdade o nome genérico de uma diversão do mundo rural português caracterizada pelo zabumbar de um ou mais bombos pelas ruas por ocasião de certas festas tradicionais, e nas cidades durante o entrudo. O costume, passado ao Brasil, ainda é praticado no século XXI no interior do estado de Minas Gerais.

[43] *O Zé Pereira carnavalesco: coisa cômica que se deve parecer muito com Les Pompiers de Nanterre*. Arranjado pela Artista F. C. Correia Vasques, Rio de Janeiro, Tipografia e Litografia Popular de Azeredo Leite, 1869. O texto conforme essa edição aparece reproduzido por Procópio Ferreira em sua biografia *O autor Vasques: o homem e a obra*, São Paulo, s/e, 1939, pp. 454-62.

No Brasil, a influência das marchas militares na música popular iria limitar-se a esses dois exemplos importados do som da fanfarra e do estribilho atordoante de pancadas de bombo (vindas do *Les Pompiers de Nanterre* para as aberturas de orquestra dos bailes de carnaval, via paródia *Zé Pereira carnavalesco*) e da cançoneta. Na França, porém, a influência da música militar ainda iria aparecer em outra forma de música de teatro musicado: o esfuziante galope final das operetas inspirador da dança chamada de *cancan*.

A importação pela nobreza da França, durante o período da Regência (1715-1723), de um tipo de dança tradicional da Inglaterra chamada de *square dance* — por dispor dois pares de dançantes frente a frente, formando um quadrado — daria lugar a um processo de evolução coreográfico-musical que levaria a novidade, em Paris, dos salões da aristocracia aos palcos burgueses-populares do II Império e da III República.

As *square dances*, com sua origem rural desde logo revelada pelo nome genérico de *country dances* com que eram conhecidas na Inglaterra, constituíam na verdade uma série de figurações coreográficas sugeridas por um tipo de música de caráter vivo e ritmo bem marcado, que permitia aos dançantes, por sua regularidade, a realização conjunta de movimentos para frente, para trás, e mesmo de roda.

Essa variedade de figurações realizadas simultaneamente por quatro, oito ou mesmo doze pares de dançantes era chamada, por sua obediência à formação básica em quadrado, de "quadrilhas da *country dance*". E como ao chegar à França o novo estilo de dança, ao invés de simplesmente traduzido, ganhou pelo som da expressão inglesa *country dance* o nome homófono de *contredanse*, seus diferentes movimentos coreográficos passaram a ser chamados primeiro de quadrilhas das contradanças e, depois, simplesmente de quadrilhas.

Iriam ser, pois, essas quadrilhas que, ao misturarem-se às demais formas de lazer popular francesas, acabariam por incorporar uma série de influências locais, entre as quais a da música militar.

De fato, transformadas em atração de palco pela variedade de suas figuras, já sob o nome genérico de contradanças, as quadrilhas não tardaram a assumir a forma de balé, onde provavelmente conservavam a estrutura fixa que as caracterizava, e desde logo traduzida na atribuição de um diferente nome para cada uma das cinco danças que a compunham: *pantalon* (ou *chaîne française*), *l'été (en avant-deux)*, *la poule*, *la pastourele* (às vezes chamada *trénitz* ou *trenis*) e, finalmente, *la boulangère*.

Pois, quando pela época da Restauração as quadrilhas iniciam sua trajetória de popularidade, a coincidência com o momento de grande influência de sons marciais, provocado pela onda de canções político-patrióticas, é o que certamente iria explicar o aparecimento do que viria constituir a mais inegável contribuição francesa à música das quadrilhas: o galope, criado para funcionar como uma espécie de coda à suíte de temas da contradança.

Transformado em final obrigatório da quadrilha, o esfuziante martelado rítmico do galope, quase certamente surgido na versão balé das contradanças de teatro, inspiraria uma forma de dançar igualmente original e francesa, que a partir de sua incorporação às operetas por Jacques Offenbach receberia o nome de *cancan*.

Na verdade, ao despontar nos bailes públicos do reinado de Luís Filipe, entre 1830 a 1840, já na sua forma francesa de suíte de figurações de danças com final trepidante, a quadrilha vai assumir entre a gente das camadas mais baixas de Paris um estilo todo particular. Praticada agora num meio em que as mulheres não hesitavam em realizar movimentos em que os pés atingiam a altura da cabeça, as quadrilhas permitiam a essas senhoras de vida livre reviver — sem que o soubessem — a velha dança esquecida do *chaut*, a que suas congêneres medievais se entregavam aos saltos cômicos e gestos nada pudicos, em meio ao alarido de vozes e gritos conhecido por *chauter*. Foi o desinibido estilo dessas "*belles de nuit*" da periferia de Paris — algumas das quais chegaram a deixar nome na história, como Pomaré, Marie Anglaise, Celeste, Mogador e Rose Pompon — que acabou por prevalecer, quando o galope final das quadrilhas passou a constituir também o ponto alto das operetas. E isso se deu a partir do lançamento desse gênero de espetáculo primeiro de Hervé (Florimond Rougé, dito Hervé, 1825-1892) no palco do seu *Folies-Concertantes* (depois *Folies-Nouvelles*), no Boulevard du Temple, em 1854; e, logo depois, por Jacques Offenbach no seu *Bouffes-Parisiens*, em 1855. Foi, aliás, o estrondoso sucesso alcançado pela opereta de Offenbach *Orfeu no inferno* nesse seu teatro a 21 de outubro de 1858 — para obter o recorde de 228 representações seguidas — o que tornou praticamente obrigatório, desde então, nos palcos parisienses, o encerramento das operetas e quadrilhas com a correria frenética dos galopes, dançados no melhor espírito do velho *chaut* dos bordéis medievais, mas agora por esfuziantes vedetas profissionais e sob o novo nome de *cancan*.

Realmente, a partir de 1868, quando o *Alcazar d'Hiver* de Paris lança a nova modalidade dos espetáculos de *music-hall* com sua quadrilha final como ponto alto, praticamente todos os 68 palcos da capital e seu termo (em 1855 eram apenas 26 salas) tornaram obrigatórios os números da dança com seu galope no final. Interesse destinado a perdurar, pois em outubro de 1889, quando o *Moulin Rouge* inaugurou seu famoso baile, lá estaria o pintor Henri de Toulouse-Lautrec (1864-1901) para fixar exatamente a imagem da quadrilha, agora com a animação e gritaria do seu *chauter* entregue a famosas vedetas de palco como *La Goulue* (a Gulosa), *Grille d'égout* (Ralo de esgoto, por ter dentes muito separados), *La Sauterelle* (a Gafanhoto), Jane Avril, a *Mélinite* (a Explosiva), e *Nini-pattes-en-l'air* (a Nini-pernas-para-o--ar). Loucura do galope que, já sem o estímulo das operetas (cuja inconsequente alegria não resistiu ao luto nacional de 1870), ainda assim continuaria até o início do século XX, quando o *Moulin Rouge* ergue a grande sala de *music-hall* que põe fim à era dos bailes, em 1903.

Como se não se conformasse em desaparecer de todo, porém, o galope das quadrilhas e seu estilo *chaut* de dançar ainda iria ressurgir, afinal, em plena *belle-époque*, sob o moderno nome de *french-cancan* — como aconteceria em 1899 quando Georges

Feydeau (1862-1921) lembrou-se de convocar a Môme Cravette, do *Moulin Rouge,* para levantar as pernas no galope final de seu *vaudeville La Dame de Chez Maxims* —, para só desaparecer realmente após 1926.

A música inspirada no galope dos cavalos — tão presente aos ouvidos franceses desde a Grande Revolução, quando os regimentos de cavalaria passavam pelas ruas ao sonoro som de cornetas e clarins com seu toque de *"au-galop"* — não se faria ouvir apenas em quadrilhas, balés e operetas dos espetáculos de teatro feitos para o entusiasmo popular. Na música erudita, um precursor anúncio do seu som iria aparecer já em 1805 na ópera *Fidelio,* de Beethoven, em que muito a propósito se contava a aventurosa história de um casal francês no conturbado período da Revolução. E ainda uma vez — e agora com seu nome declarado —, ao soar claramente no 12º motivo da suíte *Jeux d'enfants,* que Georges Bizet faz terminar em 1873 com a peça *O baile,* em que indicava expressamente seu gênero: *"galop"*.

II
BRASIL-PORTUGAL: DO ISOLAMENTO NASCE O SOM DE UMA CANÇÃO NACIONAL

1.
PODER FECHADO, ABERTURA PARA O POVO

Ao contrário da França — onde o que se viria a classificar, no futuro, de música popular urbana surgiu da evolução de gêneros de espetáculo tradicionalmente cultivados em palcos de rua de Paris —, em Portugal o fenômeno resultou não de equivalente produção local, mas da importação de ritmos recebidos numa espécie de refluxo cultural de sua expansão colonial para a África e o Brasil.

De fato, desde o insucesso de sua participação na chamada guerra de sucessão da Espanha ao lado dos ingleses, que redundou no fracasso da grande Aliança de Haia (Inglaterra, Países Baixos e Império Germânico contra o advento do primeiro Bourbon ao trono espanhol como Felipe V), Portugal seria levado depois da paz com a Espanha em 1715 a um distanciamento político europeu, a ser compensado com uma maior atenção a seu relacionamento com a colônia americana do Brasil.

Essa renovação de interesse, de fundo primordialmente econômico, que coincidia naquele exato momento com a necessidade de atender à crise com a queda de preço de seu mais rendoso produto colonial — o açúcar exposto à concorrência do similar antilhano —, seria reforçada por um acontecimento inesperado: o da descoberta de ouro no Brasil em larga área logo chamada de Minas Gerais.

Pois seria o resultado dessa imprevista conjugação favorável de fatores — ao ouro das minas no limiar do século XVIII seguir-se-ia a descoberta de diamantes em 1729 — que permitiria a Portugal manter durante todo o setecentos um ciclo fechado de absolutismo político, que se estenderia dos tempos de fausto de D. João V e de despotismo iluminado do Marquês de Pombal, sob

D. José I, até o mergulho da rainha D. Maria I na loucura religiosa, que caberia ao filho D. João assistir até o final como regente. Esse fechamento sobre si mesmo (já historicamente admitido como princípio, no país, desde a política de segredo do tempo das navegações) continuaria possível inclusive durante a Revolução Francesa, quando Portugal, embora não incluído pela Inglaterra e pela Espanha em seu acordo de 1795 com a França, só viria a ser atacado no início do século XIX por Napoleão.

Na área sociocultural, o reflexo dessa espécie de ensimesmamento nacional iria traduzir-se entre a burguesia e a nobreza — responsáveis pelo cultivo da arte erudita — numa conservadora repetição de fórmulas estabelecidas e, entre as camadas populares, numa animada aceitação de novas formas de lazer urbano vindas de fora.

A primeira dessas tendências seria bem captada pelos historiadores de literatura Antonio José Saraiva e Oscar Lopes, ao focalizarem no capítulo "O Século das Luzes" de sua *História da literatura portuguesa* o "desenvolvimento material e cultural da burguesia em fins do século XVIII", escrevendo:

> "A penúria do teatro português desta época em obras de categoria, ligada a um tão nítido contraste entre gêneros pomposos e gêneros populares quase inorgânicos, está provavelmente em relação com o atraso da consciência doutrinária e estética da burguesia portuguesa relativamente à francesa, por exemplo."[44]

A segunda tendência, que os autores de tão oportuna observação não procuraram aprofundar ou entender, fazia-se representar exatamente naqueles citados "gêneros populares quase inorgânicos", por ser aí onde a gente das baixas camadas conseguia

---

[44] Antonio José Saraiva e Oscar Lopes, *História da literatura portuguesa*, Porto/Coimbra/Lisboa, PE, 8ª ed. revista e atualizada, 1975, p. 676.

exprimir — embora de forma artisticamente primária — a variedade de sugestões oferecidas pela democrática convivência de todos na rica heterogeneidade da pobreza.

De fato, o que viria a constituir a originalidade da contribuição à criação, em Portugal, de uma cultura local — ainda que inorgânica — no século XVIII, poderia ser encontrado no fato de o mesmo isolamento político-social do país que provocava "penúria" criativa "pelo atraso da consciência doutrinária e estética da burguesia portuguesa relativamente à francesa" oferecer às camadas populares a oportunidade de chegar a produções próprias sem os mesmos tipos de pressão ou exigência.

A comprovação dessa tendência à superação do que, em princípio, poderia resultar numa desvantagem cultural, em face da interrupção das relações normais do povo português com seu mais influente vizinho europeu, pode ser, entretanto, encontrada na evolução das circunstâncias históricas decorrentes da própria decisão de isolamento.

Após a frustrante assinatura da paz com a Espanha de 1715, ponto final de anos de insucessos militares (de que o inesperado saque do Rio de Janeiro, em 1711, pelo francês Duguay-Trouin, só vinha reforçar os maus augúrios), o rei D. João V praticamente desmobiliza suas forças armadas e passa a concentrar todo o interesse da coroa no fortalecimento administrativo de sua mais promissora colônia do além-mar, o Brasil.

Essa política implicava, necessariamente, o reforço da vocação autocrática do poder não apenas na metrópole — onde isso seria delegado por D. José I, sucessor de D. João V, a um representante do despotismo esclarecido burguês, o Marquês de Pombal —, mas na própria colônia do Brasil onde, com a transferência da capital do vice-reinado da Bahia para o Rio de Janeiro, em 1763, se passava a conferir também aos enviados de Lisboa poderes locais quase absolutos.[45]

---

[45] Segundo Max Fleiuss em *História administrativa do Brasil (1500-*

O resultado de todos esses fatores e circunstâncias iria traduzir-se em tal aparência de segurança financeira — segundo cálculo do engenheiro mineralogista alemão Eschwege, citado pelo historiador Oliveira Lima, a produção de ouro do Brasil para Portugal chegou até 1820 a "mais de 945.000 quilogramas"[46] —, que o poder real pôde entregar-se durante todo o setecentos ao gozo de uma tranquila indiferença a possíveis dificuldades econômicas futuras.

Foi esse clima de segurança interna, não abalado sequer pela tragédia de impacto mundial do terremoto de Lisboa, de 1755, que permitiu sucessivamente com D. João V (1706 a 1750), D. José I (1750 a 1777), D. Maria I (de 1777 a seu período de loucura de 1788 a 1792) e, finalmente, ao princípe regente e futuro rei D. João VI, até inícios do século XIX, manter o poder político absoluto sobre todo o reino de Portugal.

-1890), a carta patente conferida pela coroa ao conde da Cunha em 1763 constituía "uma verdadeira delegação de funções majestáticas ou *jus imperii*", que transformava o "vice-rei em perfeito soberano" (2ª ed., São Paulo, 1925, p. 52).

[46] Oliveira Lima, *Formação histórica da nacionalidade brasileira*, São Paulo/Rio de Janeiro, Publifolha/Topbooks, 2000, p. 112.

2.
DESOCUPADO LEVA AO CONTROLE SOCIAL

O exercício do absolutismo em Portugal, estendido na prática a todos os territórios sob domínio da coroa, seria facilitado em sua aplicação na área específica da metrópole graças à invocação de uma ameaçadora possibilidade histórica, criada especialmente para justificar o isolamento político: perigo da influência das ideias estrangeiras.

A própria ascensão dos Braganças ao poder em Portugal com D. João IV, em 1640, remetia a velhas disputas e rancores que vinham de mais de meio século com a Espanha, que só reconheceria o vizinho em 1668, sob seu sucessor Afonso VI. Disputas, aliás, que recrudesceriam no reinado seguinte de D. Pedro II (1683-1706), a envolver agora também a França na chamada guerra de sucessão da Espanha, destinada a levar Portugal à embaraçosa Paz de Madri de 1715, já sob o reinado de D. João V.

Assim, cansado de lutas e ameaças no exterior, no momento mesmo em que a colônia brasileira abria com seu ouro a perspectiva de uma era de prosperidade nacional, D. João V optou naturalmente pela política de uso exclusivamente interno da riqueza que, de forma tão gratuita, se oferecia a Portugal.

Inicialmente, a necessidade de controle social com base na existência de possível perigo estrangeiro para a segurança nacional não encontrava razão, porque, feita a paz com os espanhóis, da França, afinal, só ultrapassavam a fronteira os ecos da etiqueta e da grandeza de Versalhes de Luís XIV e, logo, a notícia das cabeleiras, das novas modas e das aventuras amorosas de Luís XV.

Ora, como a essas sugestões "framengas" D. João V conseguia internamente corresponder à altura, não apenas por igual dissipação rumorosa de recursos públicos, mas por abafados escândalos conventuais, seu reinado pôde chegar à segunda metade do setecentos sob a mais serena tranquilidade institucional.

Realmente, o único elemento perturbador da tranquilidade pública não derivava de qualquer tipo de inquietação ou contestação política, mas da presença crescente de desocupados que se concentravam em Lisboa, com a consequente formação de uma legião de vadios, mendigos, rufiões, malfeitores, trapaceiros ou simples valentões especialistas no manejo de "facas agudas de ponta de diamante, de sovela e de ponta de oliveira", já proibidas desde 1678 por alvará de D. Pedro II.[47]

Como sob o poder absoluto todos esses desvios da boa ordem pressupunham responsabilidade direta da autoridade do trono, admitia-se como bastante, para manutenção do equilíbrio do pacto social, a mera intervenção da vontade do rei, através de atos de afirmação de caráter ordenativo-normativo denominados "alvarás". E tanto a intenção fundamentalmente reguladora de tais resoluções era julgada suficiente para a contenção social proposta, que em 1742 o rei D. João V, considerando o fato de a maioria dos malfeitores agirem embuçados, mandou, por um "alvará dos capuzes", perseguir quaisquer vadios assim supostamente disfarçados.[48]

---

[47] Em crônica intitulada "Ruas sujas", de seu livro *O amor em Portugal no século XVIII* (Porto, Livraria Chardron/Lélo & Irmão Editores, 1916), Júlio Dantas cita entre as medidas legais contra o uso de armas em Portugal, além desse alvará de 1678, o de 1687, do mesmo D. Pedro II (contra os bordões e facas), o expedido por D. João V em 1749, "proibindo o uso de sovelas e das choupas de Flandres", sob pena de polé (p. 228). A polé, conhecida na França desde o século XVI, era um instrumento de tortura (e quase sempre de morte) constituído por uma armação vertical de madeira provida no alto de uma roldana, que permitia suspender o condenado amarrado a uma corda, para deixá-lo cair abruptamente, suportando o choque do peso do próprio corpo.

[48] Alvará citado por Júlio Dantas na crônica "Ruas sujas" de seu *O amor em Portugal no século XVIII*, op. cit., p. 230.

Tal tipo de controle social — de qualquer forma quase sempre desmentido, na prática, pela reiteração dos atos proibidos — revelou-se capaz de manter a coesão interna até o final do reinado de D. João V, quando a irrupção do violento terremoto de Lisboa de 1755 — já no reinado de D. José I — veio, por suas consequências, ameaçar o equilíbrio das instituições em geral.

Declarado o desastre, o perigo de perda do controle do Estado sobre as elites — em boa parte atingidas em seus interesses por decisões oficiais envolvendo direitos de propriedade, por força do revolucionário plano urbanístico da reconstrução de Lisboa — foi eficazmente resolvido pelo rei com atribuição do poder discricionário a seu Secretário de Estado Sebastião José de Carvalho e Melo, o futuro Marquês de Pombal.[49]

O problema do desafio à autoridade representado por ações da massa dos tradicionalmente situados à margem das leis, porém, iria pôr em causa o sistema de repressão meramente ordenatório. É que, ao acrescentar-se aos delitos comuns de caráter individual a onda de atentados provocados pelo desespero coletivo, o Estado viu-se obrigado à busca de novas formas de autodefesa.

Num primeiro momento, com a convulsão social provocada pelo desastre natural de 1755, os alvarás repressivos continuaram a ser publicados, mas agora com redobrado rigor. Ante a onda de saques a bens encontrados entre escombros, por exemplo, a medida empregada foi a da construção de "forcas bem altas", que chegaram a exibir "mais de duzentos cadáveres, segundo dizem as crônicas, o que parece ter dado um certo resultado...".[50]

---

[49] O descontentamento de parte da nobreza com o excesso de poder do primeiro ministro Pombal seria responsável por um atentado a tiros contra o próprio rei, a 3 de setembro de 1758. Embora de explicação contestada, a tentativa de regicídio (tiros contra a sege em que viajava D. José I) teve como resposta uma decisão de Estado radical: a sentença de morte em patíbulo dos nobres implicados.

[50] Maria Antonia Oliveira Martins de Mesquita, "Sebastião José de Carvalho e Mello, 1º Conde de Oeiras, 1º Marquês de Pombal. O homem e

É bem verdade que a providência, tão radical, não constituía novidade absoluta, mas apenas reforço a algumas outras anteriores, como a da instalação em 1742 no Rocio, por ordem de D. João V, de "duas polés pintadas de verde, para apolear quem roube para além de um cruzado".[51]

Foi, pois, a falência desse sistema de controle da boa ordem social baseado sempre no poder central (desde 1641, início da restauração dos Braganças, por decisão reiterada em decretos de 23 de setembro de 1701 e de 4 de novembro de 1755, a corregedores e juízes do crime cabia apenas solicitar ao rei as medidas julgadas necessárias) o que levaria em 1760 à criação, em Lisboa, de um órgão de repressão policial com poder autônomo: a Intendência Geral da Polícia da Corte e do Reino.

Estabelecida ao tempo de D. José I por decisão do ministro Pombal (alvará de 25 de julho de 1760) e entregue ao cuidado de desembargadores (o primeiro, Ignacio Ferreira Souto; o segundo, Manuel Gunaçalves Miranda),[52] a nova repartição destinada à criação de um tipo de repressão policial organizada iria tender, após suas duas primeiras administrações, à extensão para as novas áreas de informação e repressão política.

---

a cidade", texto da palestra realizada a 7 de maio de 1982 na sede do Grupo Amigos de Lisboa e publicada em seu boletim *Olisipo*, n° 146/147/148, referente aos anos 1983/1984/1985, p. 115.

[51] Júlio Dantas, *O amor em Portugal no século XVIII*, op. cit., p. 230.

[52] Informação de Alfredo Mesquita em sua monografia histórica *Lisboa*, Empresa de História de Portugal, DDCCCCCIII [1903], conforme edição facsimilada, Lisboa, Arquimedes Livros, 2006, p. 590.

3.
O PERIGO DAS "CANTIGAS SEDICIOSAS"

Para executar esse novo mecanismo de organização policial, em tudo semelhante ao que modernamente levaria ao conceito de segurança nacional, foi escolhida, pela rainha D. Maria I, em 1780, uma figura que se revelaria talhada para o cargo: o convicto defensor dos princípios morais e políticos monárquico-absolutistas Diogo Inácio de Pina Manique.

Com "o hábito de Cristo ao pescoço e o *Tratado de Polícia* de Willebrand debaixo do braço" — segundo o cronista historiador Júlio Dantas, que em outro livro refere-se ao mesmo personagem como "cão de guarda do regime, abraçado ao Código de Polícia de Luís XIV"[53] —, o novo intendente Pina Manique começa a desenvolver efetivamente, na prática, o moderno conceito de controle social que, unindo os métodos tradicionais de repressão policial a pioneiras formas de acompanhamento ideológico, permitiria delimitar uma zona de segurança para o tranquilo exercício do poder político real.

A justificação para as iniciativas necessariamente autoritárias que resultavam de tal ampliação de restrições internas foi oferecida pela explosão de um fator externo: a Revolução Francesa, contestadora do próprio conceito de poder monárquico. E foi para enfrentar essa ameaça que o intendente Pina Manique, ao estender em Lisboa seu poder de polícia à área político-cultu-

---

[53] Júlio Dantas, respectivamente em *O amor em Portugal no século XVIII*, op. cit., p. 231; e em *Eles e elas*, Porto, Livraria Chardron/Lélo & Irmão Editores, 1918, p. 240.

ral das ideias julgadas revolucionárias (e, portanto, subversivas), levou o poder central a fechar-se desde então em um isolamento destinado a tornar-se não apenas local, mas nacional.

Realmente, enquanto o ministro Pombal ampliava as condições do desenvolvimento interno, instituindo uma política de estímulo à produção manufatureira local (fábricas de tecidos, vidros, louças, sabões etc.) e à expansão rural (arroteamentos do Alentejo, abertura do canal de Oeiras, demarcação de áreas vinícolas etc.), na área externa continuava o controle da metrópole sobre a riqueza de bens, e a arrecadação de impostos coloniais era estimulada — dentro do melhor espírito mercantilista — através do sistema de contratos e de exclusivo por concessão da coroa, o que resultava ao mesmo tempo em maior aproximação com seu principal contribuinte, o Brasil, e no reforço do poder central.

Assim, garantidas as condições de segurança interna econômica e financeira, o único perigo para a estabilidade institucional da metrópole passa a ser, de fato, o surgimento de algum nexo político entre o quase declarado caos social representado pelas condições de pobreza e abandono vivido pelas camadas populares de Lisboa e os aliciantes ideais da Revolução Francesa de 1789, que se espalhavam pela Europa com as promessas sedutoras de um republicanismo redentor.

A ação de Pina Manique desde 1780, quando assume a Intendência Geral da Polícia, até sua morte, em 1805, oscilaria, pois, exatamente entre iniciativas de assistência social (em 1780, com a criação da Casa Pia, no Castelo de São Jorge para abrigo de órfãos; em 1783, com a da roda dos expostos, para receber crianças enjeitadas) e o combate a crimes comuns e vadiagem (obrigação de trabalho em manufaturas e embarque forçado em naus). E, ainda, o que viria constituir verdadeira obsessão: a repressão aos ideais revolucionários recebidos da França.

Era esta nova fase de extensão do conhecido poder de polícia no combate aos crimes à área nova do controle ideológico que viria contribuir, a partir de fins do século XVIII, para o verdadeiro fechamento das fronteiras do país a quaisquer tipos de relação com o exterior que pudesse ameaçar o moderno conceito político — que com Pina Manique então se prenunciava — de segurança nacional.

Desde a divulgação pela *Gazeta de Lisboa*, na primeira semana de agosto de 1789, das alarmantes notícias sobre a tomada da Bastilha em Paris, dias antes, a 14 de julho, o poder de polícia em Portugal iria revelar-se imediatamente no plano político-ideológico sob a forma de censura ao noticiário daquele periódico, proibido a partir de 5 de setembro de divulgar notícias "sobre os acontecimentos em França".[54]

Para tornar efetivos os resultados de tais determinações oficiais, as providências do intendente-geral de Polícia no plano do controle ideológico revelam-se então de uma modernidade só comparável à dos serviços de informação instituídos pela polícia política de regimes militares anticomunistas da América do Sul à época da chamada Guerra Fria. Entre as medidas destinadas a tal tipo de controle criadas por Pina Manique estaria a prática dos "informes", como classificados no futuro pelos militares da ditadura brasileira de 1964: o espalhamento de colaboradores ou agentes disfarçados de cidadãos comuns por todos os locais públicos — cafés, botequins, plateias de teatro, ajuntamento de pessoas entregues a discussões etc. — com a finalidade expressa de ouvir para denunciar.

Graças às informações colhidas por esses "espiões" e "moscas" (espiões, quando destacados para apurar casos mais relevantes; moscas, quando encarregados da delação de simples conversas suspeitas), o intendente montou uma espécie de rede de serviços de inteligência (como modernamente se denominaria) que, centralizada em sua pessoa, permitia-lhe desde o conhecimento

---

[54] Informação de Adelto Gonçalves em seu livro *Bocage: o perfil perdido* (*op. cit.*), em que acompanha passo a passo a trajetória do personagem biografado por Damão e Goa através do noticiário da *Gazeta de Lisboa*, desde a época da Revolução Francesa até sua volta a Lisboa "no começo ou meados de 1790".

dos fatos policiais do dia a dia, o controle da circulação de obras literárias (pela censura da Mesa Censória), das tentativas de contrabando (através da Superintendência Geral de Contrabandos), até a veiculação de papéis impressos e textos teatrais. E, mais sofisticadamente, a sondagem das tendências de opinião manifestadas pelas elites, através do conhecimento de suas preferências literárias, atividade intelectual, ligação com representantes diplomáticos estrangeiros etc.[55]

Assim, como a partir da Grande Revolução tais medidas evoluíam de maneira crescente para esse campo do controle ideológico — "ideias perigosas", sentimentos "jacobinos" ou "heréticos", "livros incendiários", "papéis sediciosos", "cantigas revolucionárias" etc. —, o Estado passa a refletir os efeitos das diretrizes de sua polícia política, e que logo se tornariam perceptíveis numa espécie de engessamento institucional destinado a levar o país ao isolamento sociocultural.

---

[55] Segundo informações sobre Pina Manique respigadas por Pinto de Carvalho, o Tinop, nos Livros das Secretarias da Intendência-Geral da Polícia, recolhidos ao então Real Arquivo da Torre do Tombo, o rigoroso intendente-geral admitia não apenas que "trazia espalhados espiões e 'moscas' (Livro 5 das Secretarias)", mas fazia igualmente apreender livros suspeitos endereçados ao duque de Lafões e ao "cavalheiro Lebzeltern". E no vol. II, *Os cafés*, de seu livro *Lisboa d'outros tempos* (Lisboa, Fenda, 1991, p. 30), observa: "As ordens severíssimas do intendente produziam os seus naturais resultados. Porque o procurador Santos, Francisco, Ferrari, João Ferri e o Alferes Aytona que andavam pelos botequins a mostrar uma caixa de rapé que tinham do dístico: *Viva a Liberdade*, foram logo presos (Livro 4 das Secretarias)". A vigilância policial, segundo Eduardo Noronha no livro *Pina Manique: o intendente do antes quebrar...* (Porto, Livraria Civilização, 2ª ed., 1940), alcançava gente de maior projeção, como o "agente da Suécia, Rantzaw, do médico Broussonet, francês, antigo secretário de Necker, hospedado pelo abade Corrêa nas casas da Academia Real das Ciências, ao Poço dos Negros, apresentado como agricultor ao duque de Lafões" (aliás, também mantido sob observação), *op. cit.*, pp. 100-1.

4.
APESAR DA VIGILÂNCIA, OUVE-SE O "*ÇA IRA*"

A tendência ao isolamento nacional efetuava-se, na prática, através de uma série de medidas que, apresentadas sempre como reação natural a influências ideológicas revolucionárias francesas que se desejava evitar, redundava numa política de contenção que conduzia, no entanto, ao imobilismo social.

É essa realidade que transparece com a revelação de certas ordens policiais, desde o início do período revolucionário à era napoleônica, segundo se pode comprovar pela simples enumeração de supostas idiossincrasias pessoais do intendente-geral da polícia, atribuídas por Eduardo Noronha a seu personagem na biografia *Pina Manique: o intendente do antes quebrar...*:

> "Embirrou como luvas e cocares à Liberdade, usados por alguns regimentos do exército que, embora fossem de diferente côr dos franceses, se chamavam cocares; reparou na guarnição das espadas mandadas fundir pelo conde de Assumar para os oficiais do seu regimento, e ainda nos uniformes imitados dos franceses. Não tolerava os vestidos *à jacobina*, nem os penteados decorativos das damas 'imitação dos malvados de Paris', nem os sapatos de fivelas nem os cabelos sem serem polvilhados, nem os chapéus altos dos tafuis parisienses. Todas essa modas cheiravam à légua a novidades revolucionárias."[56]

---

[56] Eduardo Noronha, *Pina Manique: o intendente do antes quebrar...*,

É evidente que, apesar de toda essa vigilância oficial, algumas dessas indesejadas novidades francesas sempre se infiltravam, embora como exemplos soltos, eventuais. Mesmo na área da possível difusão de canções revolucionárias — que, na França, já se apresentavam com ares de agradável novidade surgida com a popularização da música militar —, exemplos dessa perigosa intromissão apareciam em Lisboa desde 1794. Segundo papéis da Intendência Geral de Polícia consultados por Adelto Gonçalves para seu livro *Bocage: o perfil perdido*, já em novembro daquele ano,

> "numa taberna que ficava na travessa da rua Direita dos Romulares, estrangeiros cantavam cantigas revolucionárias ao som de uma rabeca tocada por um preto e, no intervalo das músicas, comentavam em voz alta em francês os procedimentos da Convenção".[57]

Excetuado o pormenor curioso de a música revolucionária vir "de uma rabeca tocada por um preto", o episódio seria o mesmo — com a data recuada para 5 de novembro — referido também por Eduardo Noronha em seu *Pina Manique: o intendente do antes quebrar...*, ao registrar:

---

op. cit., p. 89. Após acrescentar que o intendente "mandava apreender tudo quanto se lhe afigurasse suspeito", o mesmo autor informava que até "certos artigos extravagantes, modelados em cera" entrados no porto, "apenas apareciam, logo os mariolas da alfândega, por ordem do intendente, os deformavam até os converter numa pasta monstruosa" (p. 89).

[57] Adelto Gonçalves, em *Bocage: o perfil perdido, op. cit.*, dá à p. 159 como fonte de sua informação: "IANTT, Intendência Geral da Polícia. Contas para a Secretaria, Livro IV, fl. 231 v., 17/12/1794". O mesmo autor dá, no entanto, a data de 5 de dezembro de 1894 como a do inquérito "sobre 'cantigas revolucionárias' e incendiárias" que alguns franceses haviam cantado na Casa do Povo, taverna localizada "ao princípio da rua das Flores, da parte da rua dos Romulares" (p. 199).

"A 5 de novembro de 1794, no relatório ou *conta* diária, esclarecia que o intendente que um café na rua dos Romulares, por debaixo da casa do negociante Viana Ferreira & Cia. e uma taberna existente na travessa não inspiravam nenhuma espécie de confiança. Na primeira 'juntava-se muita gente palrando contra o príncipe regente [D. João] e fazendo apologia da liberdade; na segunda reuniam-se vários franceses que tocavam rabeca e cantavam canções sediciosas'."[58]

Para o sempre bem informado Pina Manique, aliás, o real perigo dessas "canções sediciosas" era conhecido desde 1792, quando "informes" de seus moscas lhe deram conta de que "os tripulantes de um navio francês, que estava atracado defronte do Cais de Belém", haviam desembarcado "a entoar uma canção revolucionária pelas ruas". E essa canção era, nada mais, nada menos, do que a subversiva "*Ça ira*", entoada em coro com seu ameaçador refrão: "Ah! *Ça ira! Ça ira! Ça ira!* Os aristocratas no poste/ Ah! *Ça ira! Ça ira! Ça ira!* Os aristocratas vamos pendurar".[59]

---

[58] Eduardo Noronha, *Pina Manique: o intendente do antes quebrar...*, *op. cit.*, pp. 202-3. A mesma informação — igualmente amparada no texto do Livro 4 das Secretarias, que registrava a prestação de "conta diária" das atividades policiais — é fornecida por Pinto de Carvalho, o Tinop, no tomo II, *Os cafés*, de seu livro *Lisboa d'outros tempos*, *op. cit.*, p. 29.

[59] Adelto Gonçalves, que dá a informação em seu *Bocage: um perfil perdido*, citando o Livro III das Contas para a Secretaria da Intendência Geral da Polícia, fls. 248-248 verso, de 9 de novembro de 1792, após comentar que Pina Manique talvez tivesse considerado o mal menor, porque os marujos "cantavam em língua francesa e não eram entendidos pela população", completava: "enganava-se, porém. A insolência dos revolucionários era cada vez mais incontrolável: afrancesados, talvez inspirados pela tripulação do navio, todos os domingos e dias santos começaram a subir a Calçada da Ajuda para cantar o *Ça ira* debaixo das sacadas do palácio, na presença da guarda real, sempre ao som da gaitinha, dizendo em francês, '*Viva a liberdade e morra a nobreza*'" (*Bocage: um perfil perdido*, *op. cit.*, pp. 185-6).

A música popular que surge na Era da Revolução

Embora esse revolucionário "*Ça ira*" tivesse, apesar de tudo, chegado ao conhecimento de alguns portugueses — o que se comprova, na área da música de salão, pelo aproveitamento de sua música, em fins do setecentos, por João José Baldi, numa "Marcha da Retirada"[60] —, sua divulgação entre as baixas camadas de Lisboa terá sido certamente episódica. A eficácia das medidas repressivas do intendente Pina Manique em sua obsessiva política de combate a tudo o que representasse perigo de infiltração ideológica francesa, jamais permitiria sua popularização.

Afastado, pois, pelo fechamento do país, o perigo da difusão das "influências estrangeiras", Portugal, ao voltar-se para si mesmo, passava a contar apenas, para o intercâmbio necessário à continuidade de sua dinâmica social, com as sugestões oferecidas pelo contato obrigatório com seus territórios coloniais. E, assim, como a maior parte dessas sugestões, no plano das formas de lazer popular, procedia do Brasil — onde mais se havia aprofundado o quadro de inter-relações econômico-étnico-culturais a envolver Europa, África e América —, daí deveriam advir também, a partir do século XVIII, os modelos de danças e cantares logo aceitos pela metrópole como nacionais.

---

[60] A identificação deve-se ao professor Rui Vieira Nery no texto que acompanha o CD *Modinhas e lundus dos séculos XVIII e XIX*, gravado pelo grupo Segréis de Lisboa em 1997 na Movieplay Portuguesa, Lisboa. Em seu texto explicativo o professor Rui Vieira Nery registrava: "A peça, muito provavelmente destinada a ser tocada de forma despreocupada na salinha de qualquer menina de boa família, não é senão um arranjo para cravo da feroz canção revolucionária '*Ça ira*'".

5.
AS DANÇAS DE CÍRIOS E PROCISSÕES

Antes mesmo do surgimento em Portugal de músicas dançadas e cantadas reconhecíveis como gêneros distintos, identificados por nomes particulares — como arrepia, arromba, cãozinho, vilão ou o expressivo pé de chibau (cuja referência a chibantear ou chibar lembrava a mover as pernas com desembaraço) —, a gente das camadas mais baixas de Lisboa só se entregaria desde a primeira metade do quinhentos a divertidas meijoadas e pagodes,[61] quase sempre em casas de "damas de pecado".

Nessas ocasiões, "certa relé" de moços de espora, criados e mesmo "rufistas das osma" — a malta de marginais de que Ferreira de Vasconcelos falava na comédia *Aulegrafia*, em 1554 — corriam campo "ao estilo de certos almogaves" (guerrilheiros árabes, que atacavam de emboscada) no encalço de "mulatas e moças de balaio", a quem recitavam "trovas, vilancicos ou cantigas ao som das violas simplificadas chamadas de guitarras".[62]

A notícia de pelo menos uma dessas cantigas atribuídas

---

[61] É curioso observar que as palavras ameijoada e pagode, empregadas em meados do quinhentos por Jorge Ferreira de Vasconcelos em sua comédia *Aulegrafia* e *Ulissipo*, continuam vivas no Brasil do século XXI com o mesmo sentido de cantoria e locais de diversão popular: ameijada, conforme registra Aurélio Buarque de Holanda em seu *Dicionário da língua portuguesa* (versão *Novo Aurélio Século XXI*), significa noite passada em claro em diversões; e pagode, reunião onde se canta e dança, e, ainda, gênero de samba derivado do estilo primitivo à base de canto improvisado sobre estribilho acompanhado por palmas.

[62] José Ramos Tinhorão, *As origens da canção urbana*, cit., pp. 37-8.

àquela "certa relé" de moços de espora e rufistas iria salvar-se para a história graças ao testemunho de um contemporâneo da vida popular da época, o poeta cego quinhentista Baltasar Dias, que no folheto com versos de um "Conselho para bem cazar" — vendido pelas ruas pelos cegos — após recomendar às moças:

> "Convem à mulher d'agora
> temperar-se no falar:
> e não há muito andar,
> porque ir muitas vezes fora
> faz a muitos que cuidar,"

chamava-lhes a atenção para o que dizia uma cantiga da época:

> "E também há de atentar
> um mote ou cantiguinha,
> que a muitos ouço cantar,
> que a mulher e a galinha
> se perdem pelo andar."[63]

O que se pode concluir, desde logo, é que a existência por aquela data (quase certamente anterior a 1587) de uma cantiga urbana dada como ouvida cantar a muitos pelo padre Baltasar Dias, indicava já um distanciamento da citada vida em relação à do campo, ainda tão persistente na visão de outros autores da época, como o fazedor de autos para o riso da corte, Gil Vicente.

Era essa afirmação do advento de um tipo de vida local diferente do modelo rural até então imperante, o que iria explicar o progressivo aparecimento, desde o final do século XVI e por todo o correr do seiscentos, de uma série de danças "modernas",

---

[63] "Conselho para bem casar", in *Baltasar Dias: Autos, Romances e Trovas*, Biblioteca de Autores Portugueses, Lisboa, Imprensa Nacional/Casa da Moeda, s/d [1985], p. 378.

quase todas indicando, até pelos nomes, sua origem em centros de grande desenvolvimento urbano.

Realmente, enquanto alguns sons à viola (às vezes apenas instrumentais, para dança, às vezes também cantados), a exemplo do arrepia, do arromba, da amorosa, do oitavado, da marinheira, do canário, do pé de chibau, do vilão, da chegança, do fandango, do passacalhe, da espanholeta ou da sarabanda, apareciam como gêneros, se não exclusivamente portugueses, por certo ibéricos (o que a união das coroas lusa e castelhana de 1580 a 1640 explicava), uma variedade de outros indicava origem estrangeira. E dentre eles contavam-se a galharda, o saltarelo e a vilanela, importados da Itália, e o minueto, a gavota e a valsa da França.

Ao lado dessa profusão de danças oferecidas à gente das cidades pelo crescente processo de evolução urbana, tornado irreversível à maneira que a economia se desenvolvia, a partir do século XVIII, estimulando a diversificação social, uma particularidade nacional iria contribuir para a ampliação de um repertório músico-coreográfico em Portugal: a existência de danças em círios e procissões.

A presença de representações de temas religiosos ou referentes a costumes locais dentro das procissões — de que a procissão de Corpus Christi ofereceria os melhores exemplos desde o século XIV —, sobre refletir a herança cristã da dramatização de episódios bíblicos (com o objetivo de propagar a fé através de exemplos tirados do Evangelho), envolvia no caso de Portugal uma circunstância histórica local. É que, enquanto nos centros mais desenvolvidos da Europa as festas litúrgicas haviam saído das igrejas para as ruas, integradas às associações corporativas, passando a formar sociedades destinadas ao estrito exercício do lazer, em Portugal a subordinação das corporações de ofício ao sistema de patronato espiritual (cada ofício refletia o culto a um santo com que se identificava) continuava a fazer prevalecer o princípio religioso.

A explicação para a continuidade, no tempo, dessa estreita ligação entre deveres espirituais e atividades civis estaria no fato de que, ao retardar o aparecimento da manufatura, que democratizava o trabalho corporativo, Portugal reafirmava a vinculação entre as possibilidades de lazer dos trabalhadores e os modelos tradicionais impostos historicamente pela religião oficial.[64] Realmente, como a procissão oficial do Corpo de Deus comprovava pelas disposições mesmas do seu regimento, as danças admitidas ao desfile religioso não se propunham à diversão meramente profana, mas pretendiam servir a um propósito de ilustração de episódios sagrados ou piedosos, ou de encarecimento de fatos ligados à história ou a costumes nacionais. Assim, a dança da judenga recebia esse nome por lembrar a festiva trasladação da Arca Sagrada ou da Aliança (primeiro de Judá para uma tenda armada pelo rei Davi em Jerusalém, depois para o palácio revestido de cedro mandado erguer por seu filho Salomão), e, pelo Regimento do Porto de 1620, previa a participação de um homem "com boas Canas e vestido segundo se requer por tal auto". Isso para acompanhar o rei Davi dançando com seus pajens, que serão doze, ricamente vestidos.[65]

---

[64] A história dessa vinculação profano-religiosa de poderes encontra sua origem na própria formação da nacionalidade portuguesa. Como a monarquia surgiu em Portugal associada à herança pessoal dos reis cavaleiros da Casa de Borgonha, que desde o século XII comandavam a luta contra os ocupantes mouros do território, e como essa ação coincidia desde o início com o espírito de cruzada do papa Inocêncio II, bastou a união entre as duas instituições, a partir do reconhecimento do "cavaleiro do Papa e de São Pedro", D. Afonso Henriques como rei, em 1179, para explicar, inclusive, dois séculos depois, o advento de um D. João II (1481-1495) como precursor do absolutismo ainda antes da Renascença. E é exatamente a existência dessa estreita ligação histórica que estava destinada a aparecer desde o início do século XIV na procissão do Corpo de Deus, com o poder real representado na imagem oficial de São Jorge e sua guarda militar; o da Igreja na reverência ao Sacramento, e o povo — herdeiro de antigos ritos pagãos — na transformação das encenações de danças de intenção dramático-religiosa das corporações de ofício em alegre carnaval.

[65] Todos os pormenores programados para essa procissão de Corpus

A dança da judenga devia constituir, na verdade, uma estilizada representação dos pulos de alegria atribuídos ao rei Davi nas descrições bíblicas, sem ligação alguma com as verdadeiras danças dos judeus, que desde os festejos pela vitoriosa volta de Afonso IV da batalha de Salado, em 1340, costumavam saudar as entradas festivas dos soberanos "com as suas *thoras*, música e cantares", e mais, como ainda referido em 1446 nas Ordenações Afonsinas, com "danças, ghignolas e trebelhos".[66]

Da mesma forma, a dança chamada mourisca, igualmente incluída na procissão do Corpo de Deus com intenção ideológica, para afirmar a superioridade da fé cristã sobre a dos "infiéis" maometanos, aparecia tal como a judenga apenas com caráter de auto exemplar, e não mais como as "autênticas danças de mouros, de mouras, aplaudidas como tais"[67] até o século XIV.

As danças mouras passavam a constituir, na verdade, na própria procissão de Corpus Christi, referências genéricas a novos tipos de bailes, chamados de chacona (definido pelo dicionarista Bluteau como um "*maurirum satatio*"), de retorta ou retorta mourisca. E tudo a indicar a existência de um processo evolutivo muito bem observado por José Sasportes em sua *História da dança em Portugal*, ao anotar que "ao longo desta evolução social a própria dança a que se foi dando o nome de *morisca* foi sendo ora uma dança a solo, ora uma dança pírrica, ora uma dança de pares". Isso para chegar ao século XVI como dança da moda, ensinada inclusive em escolas por professores particulares.[68]

Christi realizada no Porto em 1621 são descritos no capítulo "A teatralização do culto", do livro do autor *Festa de negro em devoção de branco: do carnaval na procissão ao teatro no círio* (a sair pela Editora 34).

[66] José Sasportes, *História da dança em Portugal*, Lisboa, Fundação Calouste Gulbenkian, s/d [1970], p. 30.

[67] José Sasportes, *op. cit.*, p. 31

[68] José Sasportes, que faz esse comentário em sua bem documentada *História da dança em Portugal* (*op. cit.*, p. 31), observa com perspicácia que,

Bem menos documentada, figurava ainda na procissão do Corpo de Deus uma dança de regateiras de pescado e de frutas, que fugia a todas as convenções coreográficas: a dança da péla, de péla ou das pélas.

Ao contrário da formação de figuras, como acontecia com as danças coletivas do mundo rural, ou as contradanças (*country dances*) delas surgidas nas cidades, a dança da péla ou das pélas rompia com todos os padrões coreográficos conhecidos, ao dispor duas filas de dançantes a evoluir ao longo do andar da procissão, ao som de gaita e tamboril. E, isso, dispostas não em cola única, paralela ou frontal uma a outra, mas formando filas separadas a percorrer o espaço da procissão "cada huma pera seu cabo".

A originalidade dessa dança das pélas era reforçada ainda por um inesperado pormenor dramático-coreográfico, de que daria conta Alexandre Herculano em seu romance *O monge de Cister*, ao descrever imaginado desfile de Corpus Christi em Lisboa em 1389 com a informação de que, na tal dança, as mulheres levavam outras sobre os ombros, "bailando e volteando conjuntamente".[69]

Ao lado dessas primeiras danças particulares dos autos de desfiles religiosos dados a conhecer pelos regimentos das procissões de Corpus Christi de 1517 em Coimbra, e de 1621 no Por-

---

a exemplo da judenga, o passar do tempo fez com que "as danças de mouros se transformassem em danças *contra* os mouros", observação plenamente confirmada pelo fato de, no Brasil, as mouriscas — sob o nome de cheganças de mouros — terminarem em combate coreográfico entre mouros e cristãos.

[69] Alexandre Herculano, *O monge de Cister ou A época de D. João I*, Rio de Janeiro, Tecnoprint, s/d [1951], p. 212. D. Carolina Michaelis, baseada em suas leituras do *Cancioneiro da Ajuda*, ratificaria a informação do romancista ao anotar: "Citam-se também *pélas* em que uma mulher suportava aos ombros uma rapariga que repetia as cadências feitas por aquela". Por outras citações alusivas à dança compendiadas por Ernesto Veiga de Oliveira no capítulo "Pélas" de seu estudo *Festividades cíclicas em Portugal* (Lisboa, Publicações Dom Quixote, 1984), depreende-se terem as pélas sua origem em danças rituais da primavera chamadas "danças de Maio".

to, iria figurar desde o século XVI as que se formavam para animar círios e romarias, organizadas por confrarias ou comunidades de bairro com a finalidade religioso-profana de culto a santuários milagrosos, como os de Nossa Senhora da Atalaia e Nossa Senhora do Cabo.

Assim, além de incluírem as principais danças da procissão do Corpo de Deus e assemelhadas — a mourisca, a judenga e das ciganas, dos arcos e das flechas —, os círios e romarias abrigariam danças surgidas entre comunidades representadas nas caminhadas devotas, a exemplo da dança de Manoel Trapo (ou dos Trapos, por sugestão das vestes feitas em tiras dos figurantes), e dos mochachins ou muchachins, formada pela rapaziada que portava rosários e evoluía bailando ao som de castanhetas e caixinhas.[70]

Sobre todas essas variantes coreográficas de danças coletivas apresentadas em procissões, círios e romarias, a que mais se destacaria pela constância e destaque nas apresentações seria a conhecida pelo sugestivo nome de folia.

Citada desde inícios do século XVI em autos de Gil Vicente — que na "tragicomédia" *Triunfo do Inverno*, de 1529, lamentava a decadência da alegria de Portugal de "uns anos acá" lembrando o tempo em que havia "a cada porta hum terreyro/ cada aldeia dez fulias"[71] —, a folia seria nessa sua primeira versão um tipo de diversão coletiva de gente do mundo rural, com seu "can-

---

[70] Esta informação sobre a dança dos mochachins (também chamada dança dos mochatins) é a única encontrada pelo autor na bibliografia consultada, e deve-se a Frei Lucas de Santa Catarina nos textos dedicados em seu *Anatomico Jocoso* à memória do preto poeta popular de Lisboa conhecido por Zangaralheiro: "Felicíssimo transito do segundo taralhão de Lisboa" (tomo I, Lisboa, Oficina do Doutor Manoel Alvarez Solano, 1755) e o "zangaralheiro no presépio" (tomo III, Lisboa, Oficina de Miguel Rodrigues, 1758).

[71] Gil Vicente, *Triunfo do Inverno*, Lisboa, Imprensa Nacional, 1934, pp. 1-2.

tar/ é baylar como ha de ser", ou seja, "o cantar para folgar/ o baylar para prazer".[72]

Ao serem incluídas nos autos das procissões, porém, as folias talvez já não configurassem esse simples cantar por diversão e dançar por prazer evocados por Gil Vicente, mas viessem recuperar, por força da própria intenção devota a que se submetiam, alguma coisa do antigo sentido paralitúrgico com que haviam surgido na Idade Média. Em verdade, derivada das festas dos loucos e inocentes criadas nos primeiros séculos da era cristã para celebrar pelo Natal episódios da vida de Cristo, a folia indicava desde logo, pelo próprio nome vindo de *follis* (a película cheia apenas de vento dos latinos), uma condição atribuída aos loucos e contemplada pela teologia. É que, tendo as cabeças cheias só de ar, como os *follis* ou foles, os loucos não podiam ser acusados das razões que ocupavam as cabeças dos homens e que os levaram à perda do paraíso em nome do pecado original. Assim, considerando-se que os loucos agiam não a partir da razão que conduz ao pecado, mas animados apenas (tal como os inocentes) pelo sopro que o Criador lhes insuflara nas cabeças, havia que respeitá-los em sua folia por essa origem inegavelmente divina.[73]

Fosse a memória dessa antiga tradição litúrgica das folias medievais ou não, a verdade é que as folias vindas do mundo rural português figuraram desde o pré-renascimento como os mais constantes grupos de dança das procissões e, logo depois, também dos círios e romarias, já consagrando nomes como os dos Foliões da Arruda e da Atalaia.

Do círio de Nossa Senhora da Atalaia, por exemplo, participava costumeiramente, talvez desde o reinado de D. Manuel, uma Folia da Aldeia Galega que, no início do século XVII, che-

---

[72] Gil Vicente, *op. cit.*, p. 2.

[73] Sobre o tema, ler, do autor, o capítulo "A dessacralização da palavra ritual" de seu livro *A imprensa carnavalesca no Brasil: um panorama da linguagem cômica*, São Paulo, Hedra, 2000.

garia a ser convidada a apresentar-se em Castela para a nobreza reunida à volta do rei Felipe III nos jardins do duque de Lerma. Segundo testemunho do português Thomé Pinto da Veiga em seu livro memorialístico *Fastigimia*, as festas dos dias 11 e 12 de julho de 1605 contaram com a participação da Folia da Aldeia Galega, "mui bem adereçada, que foram 13 [os figurantes] com o tambor, de vaqueiros de cetim encarnado sobre telillo de prata e sapatos do mesmo, e outra quadrilha de azul e suas meias de seda". Folia que, aliás, apresentava-se profissionalmente para o espetáculo na qualidade de artistas contratados, pois que os participantes "levaram todos os dias cinco reales, e mulas e dez cruzados para as suas mulheres e seus pandeiros prateados". E isso, depois de conseguir sucesso ante o público, pois — segundo acrescentaria o autor do relato — "dizem que folgou El-Rey de os ver e ouvir".[74]

Para além de todos essas danças e de autos ou bailes comuns a todas as camadas médias e baixas portuguesas, ainda se teria que acrescentar os cantares e coreografias a que se viria ajuntar um elemento étnico incorporado à vida popular portuguesa desde a virada do século XV para o XVI: o ritmo dos negros oriundos da África da colônia do Brasil, levados à metrópole pelas conveniências comerciais do capitalismo nascente.

---

[74] Thomé Pinheiro da Veiga, *Fastigimia*, Lisboa, Imprensa Nacional/Casa da Moeda, 1988 (reprodução fac-similar da edição de 1911 da Biblioteca Municipal do Porto), p. 229.

6.
MINUETE: GRAVE NA CORTE, MAROTO NAS RUAS

A adoção, pela nobreza europeia, a partir do século XVII, de um tipo de sociabilidade fundada em sua aproximação com os centros de poder representados pelo trono real gerou como consequência na área cultural o aparecimento de uma série de modelos de diversão desde logo identificados com a vida cortesã.

Assim, quando a natural necessidade de lazer nas cortes provocou a busca de formas de música e dança destinadas a atender a tal tipo especial de sociedade, as criações que daí resultaram não deixaram de revelar a mesma universalidade de gostos que as tinham motivado.

É que isso explica não apenas o fato de as primeiras danças cortesãs do mundo moderno terem surgido no século XVI com o Renascimento — como seriam a pavana, a galharda, a sarabanda, a volta (que daria a valsa) e outras —, mas também o de não se revelarem estritamente nacionais, mas universais enquanto expressões "de corte".

Realmente, para citar apenas alguns gêneros de danças cultivadas pela nobreza em Portugal a partir do reinado de D. Manuel, na virada do século XV para o XVI, a galharda e a pavana tinham vindo da Itália, a sarabanda e o passacalhe da Espanha, assim como a gavota e o minueto (aparecidos no século XVII) tinham origem na França. Universalismo de gosto explicado também, no fundo, por uma condição de classe social, que encontrava seu mais completo paradigma na dança da volta que, oriunda da Itália, após ganhar esse nome em Provença, ainda em fins da Idade Média, chegaria a Paris no limiar entre os séculos XV e XVI, ao tempo de Luís XII, para ressurgir no século XVIII com seu nome de valsa a denunciar-lhe, no *waltzer* alemão, sua origem provençal de volta ou volte, com o significado de girar.

Essas danças reconhecidas como particulares das cortes confirmavam ainda sua condição de criações de elite pela circunstância de só muito raramente ganharem versões populares. Em Portugal, por exemplo, quando isso acontecia, configuravam exceções, tal como se daria nos casos da hispano-francesa sarabanda, ao popularizar em Lisboa o sapateado ao som de castanholas, e do requintado minueto, ao receber letras maliciosas sob o nome de minueto brejeiro.

Iniciada essa descida do minuete dos salões aristocráticos às salas burguesas por ação de mestres de dança estrangeiros de Lisboa, criadores de variações da sua música para fins de obtenção de novidades coreográficas — "minuete liso", "minuete afandangado", "minuete da cidade" —, não tardou que alguém lhe aproveitasse o som para transformá-lo em cantiga popular. Segundo o cronista-historiador Júlio Dantas, alertado pela leitura de manuscritos de um códice da Coleção Pombalina — que divulgaria em seu livro *O amor em Portugal no século XVIII*, de 1915 —, o mais prolífico criador de minuetes populares teria sido em meados do setecentos "um moço maestro, Pedro Avendaño", sobre quem escrevia:

> "Todos os minuetes de Pedro Antonio foram estimados, mas houve um que ficou célebre: o 'minuete do maroto'. Apenas porque a música era bela? Não. Principalmente porque a letra, escrita por um poeta ignorado, o Dr. Jerónimo Tavares de Mascarenhas,[75]

---

[75] Júlio Dantas demonstrava não ter maiores notícias do "Dr. Jerónimo Torres de Mascarenhas", pois dava a letra do "Minuete de maroto" como "escrita por um poeta ignorado". Em seu *Dicionário bibliográfico português*, porém, o minucioso Inocêncio Francisco da Silva não apenas cita esse poeta "ignorado" com seu nome completo — Jerónimo Tavares Mascarenhas de Távora (nascido em Lisboa entre 1708 e 1710 e morto depois

soube traduzir naquele momento, com flagrante exatidão, a psicologia amorosa da mulher portuguesa do século XVIII."[76]

Os minuetos de Pedro Antonio Avendaño, se podiam de fato "revelar com exatidão a psicologia da mulher portuguesa", devem ter conquistado com mais certeza o gosto das camadas populares pela malícia dos versos, como demonstrava exatamente a letra do "Minuete do maroto", devida a Jerônimo Tavares, que Júlio Dantas publicava em seu livro pela primeira vez:

> "Senhor maroto,
> Tome uma figa!
> Não me persiga...
> Mas venha cá.
>
> Quer um beijinho?
> Sabe onde vou?
> Pois não lho dou...
> Mas tome-o lá.
>
> Deixe-me amores,
> Não me persiga...
> Caiu-me a liga,
> Falta-me o ar!
>
> Ai, minha vida,
> Não faça isso,
> Ai, meu feitiço
> Que eu vou gritar!

---

de 1750) —, mas ainda o aponta como o mais provável editor do *Folheto de Ambas Lisboas*, que chegou a 26 números de agosto de 1730 a agosto de 1731. Inocêncio afirmava possuir a coleção completa do jornalzinho de oito páginas impresso na Oficina de Música da então Lisboa Ocidental.

[76] Júlio Dantas, *O amor em Portugal no século XVIII*, cit., pp. 290-1.

Ai, não me bula
Meu amorzinho...
Devagarinho
Chegue-se mais.

Não me carregue,
Que me amofina
Eu sou menina
Posso quebrar...

Você queria
— Cuida que escapa? —
Comer a papa,
Depois safar?

Meu lindo mano,
Não me persiga...
Foge-me diga,
Falta-me o ar..."

Na verdade, o que os minuetes brejeiros tão bem representados na letra desse "Minuete do maroto" vinham indicar, com sua malícia popularesca, era já o afrouxamento por aquele meado do setecentos da atitude de cerimonioso respeito com que se havia recebido até então as criações culturais da aristocracia, representada exatamente na forma de dança do minueto. E embora o divulgador do manuscrito inédito do "Minuete do maroto" não tivesse atinado para a coincidência, era também na graça de seus versos que se reproduzia igual atitude de dessacralização da cultura oficial demonstrada na França pelos "*chansonniers*" burgueses boêmios do *Caveaux*, de que daria exemplo o satírico Alexis Piron em sua nova letra para a canção "*Jupin de grand matin*", tão marota quanto a do Dr. Jerónimo Tavares ao dizer:

"Ah! É muito atrevimento!
Eu vou gritar:

Já tudo me falta,
As forças, a voz...
Ao menos, ao entrar
Deixou a porta trancada?"

De qualquer forma, a popularização eventual das músicas de danças vistas no geral como particulares da corte não teve maior importância para o alegre exercício do lazer popular. É que, desde o século XVI, o processo de urbanização de Lisboa permitia o aparecimento de uma larga produção de cantigas e danças locais, enriquecidas pelas contribuições do histórico cultivo lúdico de círios e procissões, às quais desde cedo se acrescentaria a sugestão de novos ritmos e formas de diversão oferecidas pelo intercâmbio entre a metrópole e sua colônia do Brasil.

7.
E LÁ VÊM AS DANÇAS DOS NEGROS

A profusão de sons de origem negro-africana cultivados pelas camadas populares portuguesas, a partir de Lisboa, encontra sua explicação em duplo fator imposto ao país por sua história no correr do século XVIII: o político, que levava ao isolamento nacional ante o perigo revolucionário representado pelo republicanismo da Revolução Francesa; o econômico, que conduzia à dependência dos recursos coloniais, face às desvantagens comerciais decorrentes do Tratado de Methuen com os ingleses, em 1703.

Um retrato da dependência portuguesa em relação a sua colônia brasileira seria oferecido pelo historiador Caio Prado Jr. ao registrar, em sua obra clássica *História econômica do Brasil*, que Portugal só "conta com quantidade apreciável no concerto europeu" da época, por situar-se na posição de "intermediário imposto entre a colônia produtora e o mercado de consumo". Ao que acrescentava como dado definitivo:

> "Cerca de dois terços da exportação do Reino para outros países se fazia com mercadorias da colônia; e os dados conhecidos não incluíam o ouro e os diamantes cuja produção, embora decadente no período que nos ocupa, contribuía razoavelmente para a riqueza da metrópole."[77]

---

[77] Caio Prado Jr., *História econômica do Brasil*, 12ª ed., São Paulo, Brasiliense, 1976, pp. 118-9. Portugal, deve-se observar, não se beneficiava inteiramente com o exclusivo de seu comércio com o Brasil porque os ingle-

Ora, como a amplitude do intercâmbio econômico decorrente de tal vinculação metrópole-colônia implicava necessariamente alguma repercussão no campo das relações sociais, seria normal que isso igualmente ocorresse no plano cultural. E a evidência de que de fato ocorria iria expressar-se no número de gêneros de cantos e danças de nítida origem negro-brasileira surgidos em Portugal, principalmente a partir de fins do século XVII.

As condições para que esse fenômeno acontecesse apareciam desde o limiar do século XVIII na ampliação crescente da participação dos negros na vida social de Lisboa, e de que dariam prova as repetidas referências a tal realidade em papéis da literatura de cordel, como os de Frei Lucas de Santa Catarina (1660-1740), que corriam em cópias manuscritas desde o fim do seiscentos. Embora só impressa em três volumes (o primeiro em 1755, os dois últimos em 1758), a série de folhetos de Frei Lucas intitulada *Anatomico Jocoso* juntava-se ao igualmente humorístico *Folheto de Ambas Lisboas*, de 1730, para divulgar, por exemplo, que na Festa do Rosário da igreja de Salvador, após a parte religiosa, negros "andavão muito guapos pelos becos de Alfama dançando o cumbe ao som do tambor".[78]

No que tocava à participação de negros escravos e forros (alguns certamente portugueses por nascimento) em tudo o que se referia às atividades lúdicas locais — danças, batuques, presença em autos de procissões, círios e presépios —, indicações igualmente precisas surgiam nesses folhetos de cordel dando conta, inclusive, da existência de figuras revestidas de popularidade. Além de vários "pais" negros, assim chamados por sua posição

---

ses, com casas nos dois continentes, mediavam as transações de negócio retirando o seu quinhão, como já anotava documento da coleção pombalina citado por Lucio Azevedo em seu *Épocas de Portugal económico* (2ª ed., Lisboa, 1947).

[78] *Folheto de Ambas Lisboas*, nº 7, outubro de 1730, Lisboa Ocidental, Oficina de Música.

de respeitabilidade em suas áreas de atuação, citavam-se figuras de relevo especial como as de Pai Maranhão e Pai Paulino (aliás, dois do mesmo nome, o "velho" e o "novo", atrações da praça dos touros), e de certo Manuel Coco, animador não apenas de intervalos de toureiro, mas cantor-mor da "mais destemperada Música".[79]

A popularidade de certos negros de Lisboa, aliás, não se esgotava aí nesses terrenos de mera diversão e cantoria — como seria o caso ainda de certo Manoel de Paços, chamado o Preto, e assim cantado em versos: "Viva Manoel de Paços/ Com toda sua beiçola"[80] —, mas daquele que terá sido talvez o negro de maior nomeada de Lisboa, a julgar pelo destaque merecido do *Anatomico Jocoso*: o poeta popular Zangaralheiro.

Descrito por Frei Lucas de Santa Catarina como "moço de mulas do Pegaso, escravo de Angola", atendia pelo título de Poeta Manicongo e era saudado como músico pela arte no toque do pandeiro e pela habilidade de tirar sons com o uso de um pente encostado aos dentes.[81]

Iria ser, pois, gente como essa que se encarregaria desde pelo menos o século XVIII de cultivar, pelas ruas de Lisboa, ao som de tambores, pandeiros e berimbaus, nada menos de duas dezenas de danças (algumas cantadas, outras apenas instrumentais),

---

[79] Citado no folheto *Relaçam preta de uma festividade branca ou (mais claro) escrito em papel branco por um papel de azeviche e delineação do aplauso dos seus dias de touros que estão próximos a cair, ou propincos a executarem-se na Praça de S. Anna, desta Corte de Lisboa* etc., Lisboa, Oficina de Caetano Ferreira da Costa, 1767.

[80] *Relação das cantigas da fofa; compostas pelo memoravel e ceberrimo estapafúrdio Manoel de Paços*, Lisboa, s/d [início da década de 1750].

[81] Baseado em dois diferentes textos de Frei Lucas de Santa Catarina em seu *Anatomico Jocoso*, o autor levanta o perfil do Poeta Manicongo, Zangaralheiro, no capítulo "Um poeta negro bate seu pandeiro com fé" do livro *Festa de negro em devoção de branco: do carnaval na procissão ao teatro no círio*, a sair.

A música popular que surge na Era da Revolução

cujo ritmo e características coreográficas indicavam, não só pelos nomes e origem africanas, mas por informação histórica certa, a sua criação no Brasil.

Do ponto de vista do padrão tradicional africano, o mais comum, no que tocava à música de tais danças, era a polifonia rítmica (que ouvidos europeus classificavam de "sons bárbaros", e portugueses, particularmente, de batuques) e o canto responsorial de estribilhos curtos. E, na parte gestual de tais danças (em bailes sempre de formação em roda), o bamboleio de quadris dos casais a evoluir em pares soltos, alternando a certa altura com a aplicação de umbigadas a título de vênia.

A esse padrão geral negro-africano, somava-se por influência da cultura branco-europeia, tanto em Portugal quanto no Brasil, a tendência para o desenvolvimento dos estribilhos curtos — muitas vezes representados apenas pela repetição da expressão "ai lé lé lé" —, através da transformação da dança-canto-ritmo em canção, pelo acrescentamento de quadras de versos entre os refrões numa espécie de canto em rondó.

Essa característica comum da cultura popular branco-europeia serviria, por sinal, para explicar o fato de algumas danças surgidas apenas como sons instrumentais terem-se transformado, posteriormente, não só em danças cantadas, mas mesmo em canções esquecidas de sua origem de música dançada.

Um exemplo do primeiro caso — de dança para baile receber parte cantada — dar-se-ia na segunda metade do século XVII com o gênero designado arromba, do qual não se pode sequer afirmar com certeza a origem em Portugal ou no Brasil. O início como música apenas dançada, no entanto, seria atestado na colônia brasileira pelo poeta satírico Gregório de Matos Guerra, ao dar notícia do seu aparecimento na Bahia com os versos: "Tocou-se um som excelente/ que arromba lhe vi chamar". De fato, além de a palavra som significar, ao tempo, segundo o dicionarista Bluteau, "sons ou peças mais ordinárias que tocão na viola", a novidade do arromba surgia após tanta cantoria a solo dos circunstantes, que justificava o protesto do poeta: que se deixasse de cantar solos e se fizesse ouvir algo capaz de permitir a participação coletiva, como era o caso da música de dança instrumental. Realmente, como conta o poeta, após tanto cantar, ("cantou-se galhardamente/ Tais solos, que eu disse ó/ que canta o pássaro só,/ e os mais gritam na semente"), fez-se ouvir o "som excelente" do arromba, para elogio de Gregório de Matos, que então encontra na forma da dança outra novidade: "saiu Temudo a bailar,/ e Pedro, que é folgazão/ bailou com o pé e com a mão,/ e cu sempre no lugar".[82]

O que era novo no estilo de dança, conforme demonstrava o bailar do folgazão Pedro, estava, aos olhos do poeta baiano — testemunha íntima dos costumes de sua terra —, em ver o bailador executar seus passos não só com o uso da mão (como era comum no estilo herdado dos árabes, combinando seu movimento com o dos pés), mas conservando "o cu sempre no lugar". E isso valia dizer: sem entregar-se ao rebolado de quadris característico das danças de origem negro-africanas.

Pois esse som próprio para tal dança denominada arromba iria aparecer citado menos de meio século depois, em 1738, em Minas Gerais, já agora como gênero de música não apenas dançada, mas cantada, conforme revelam papéis conservados na Cúria Metropolitana de Mariana, citados pelos autores do livro *Minas colonial: economia e sociedade*. Segundo o livro das devassas de fatos escandalosos durante a festa do Espírito Santo de 1738 na Freguesia de Nossa Senhora de Nazaré da Cachoeira, contava uma testemunha:

> "Matias da Costa Rodrigues... disse que andando de carro enramalhado na festa que se fizeram do Espírito Santo neste arraial nela andavam o padre Frei Lourenço Ribeiro de São Domingos, o padre Frei An-

---

[82] *Obras completas de Gregório de Matos*, Salvador, Editora Janaína, 1969, vol. III, p. 591.

tonio religioso do Carmo tocando viola publicamente de dia com outros seculares, onde andava também o Cônego de Angola e Padre Manoel de Bastos e traziam entre si no mesmo carro uma Vicência crioula forra de Ouro Preto vestida de homem cantando o Arromba e outras modas da terra causando em tudo notório escândalo o que ele testemunha sabe pelo ver e ouvir."[83]

Outro exemplo de gênero de som próprio para bailes populares transformado em dança cantada surgiria com notícia certa em Portugal, em 1745, quando a pedido de Frei Gaspar da Encarnação o rei D. João V proibiu por alvará o "bater cheganças pelas ruas, pelas hortas ou pelas tabernas da cidade", tal como registraria o cronista de história Júlio Dantas no capítulo "Cheganças" de seu livro *O amor em Portugal no século XVIII*:

"Pela assomada de maio de 1745 toda a gente cantava em Lisboa, regateiras e maranhoas, mariolas e negros, casquilhos e sécias, da ribeira às hortas verdejantes do Catavento, uma cantiga que pegara pela cidade como uma labareda:

'Já não dançam cheganças
Que não quer nosso rei,
Porque lhe diz Frei Gaspar
Que é coisa contra a lei.

Meninas bonitas,
Moças com fitas,
Casquilhos e abades,
Freiras e frades,

---

[83] *Apud* Francisco Vidal Luna e Iraci Del Nero da Costa, *Minas Gerais colonial: economia e sociedade*, São Paulo, FIPE/Pioneira, 1975, 2ª ed., p. 62.

Chorai, chorai, chorai,
Acabou-se, já lá vai.'"[84]

A prova de que, antes de assim transformadas em "cantigas", as cheganças eram apenas sons dançados em bailes populares, estaria na observação do cronista sobre o motivo da irritação de Frei Gaspar, que depois de apurar "o ouvido para um zangarreio de viola e um tairocar de sócos que vinha da estalagem", espreita da soleira da porta "uma dança de abominação e de inferno, tão reboladas de quadris, tão jogada de lombos", que o fez recuar.[85]

O frade iria ter ainda acrescida sua indignação ao ouvir à entrada do Paço da Ribeira "um ruído de machete e de sanfona", ao mesmo tempo em que vislumbrava "uma matula negra de mariolas e de mulatos", em que podia identificar "um alfamista negro e uma regateira de meia de veludo e carnaços de abadessa, voluptuosos, ofegantes, possessos, dançando, ancas contra ancas, peneirando-se, coxas contra coxas".[86]

Entre as danças de origem negro-ibéricas declaradamente definidas como "bailes de negros", o único a contar com informação certa de ter figurado como dança cantada terá sido o saracumbé ou paracambé, citado em fonte espanhola de 1708 (confusamente dado como "*Paracumbé de Angola, ciudadano de Guiné*"), que o musicólogo brasileiro Rogério Budasz divulga repro-

---

[84] Júlio Dantas, *O amor em Portugal no século XVIII*, cit., p. 161.

[85] Os versos aplicados às danças de cheganças em Portugal chegaram inclusive ao Brasil, pois com a proibição de Frei Antonio do Desterro aos lundus no Rio de Janeiro ao tempo da administração do vice-rei Conde da Cunha (1763-1768), cantiga popular recolhida por informante do escritor Joaquim Manuel de Macedo (que a reproduz em seu romance *As mulheres de mantilha*, de 1870) abria com os versos: "Já não se canta o lundu/ que não quer o senhor bispo".

[86] Júlio Dantas, *op. cit.*, p. 164.

duzindo os versos com que aparece na *Collección de entremeses, loas, bailes, jácaras y mogigangas desde fines del siglo XVII a mediados del XVIII*, de Emilo Cotarelo y Mori. Já pela altura de inícios do setecentos transformada em espetáculo de teatro e apresentada no palco como curiosidade por um gracioso, com o concurso de músicos-dançarinos (*"Tocan el Paracumbé y cantan, y salen los hombres y mujeres a bailar"*), a dança — depois referida em 1730 também em Portugal pelo redator do *Folheto de Ambas Lisboas* — aparecia cantada em estilo coro-refrão, numa mistura de castelhano, galego e português:

> "*Os ollos de miña dama: ¡le, le, le!*
> *son negrillos de Guiné: ¡ le, le, le!*
> *Flecheros, sin ser tiranos: ¡le, le, le!*
> *Negros sin cativos ser.*
> *Todos: ¡le, le, le!*
> *Grac. Paracumbé, Paracumbé:*
> *¡Ay Xesú, que mata*
> *de amores vocé! le, le, le!*"[87]

---

[87] *Apud* Rogério Budasz, *A música no tempo de Gregório de Mattos: música ibérica e afro-brasileira na Bahia dos séculos XVII e XVIII*, Curitiba, DeArtes/UFPR, 2004, p. 31. Este estudo reproduz versos da coletânea organizada pelo espanhol Emilio Cotarel, editada em Madri em 1911.

8.
COREOGRAFIA AFRICANA ÀS VEZES É RITUAL

Se o paracumbé, considerado "negrillo de Guiné", ao figurar como número de teatro na Espanha, aparece de qualquer forma como dança cantada, a regra geral seria mesmo a de os sons de negros caracterizarem-se, em Portugal ou no Brasil, por sua música à base de ritmo próprio para a dança, contrapontado apenas às vezes por gritos soltos dos bailantes ou por estribilhos curtos sempre repetidos.

Isso iria manifestar-se de forma evidente nas danças cuja origem negro-africana revelava-se até na grafia dos próprios nomes: banzé, cumbé, cubango ou cobango e gandu.

Dessas danças puramente africanas registradas apenas em Portugal do século XVIII, a que menos memória deixaria como gênero ligado à diversão popular, o chamado banzé, iria garantir, no entanto, a perpetuação do seu nome nos dicionários como sinônimo de manifestação festiva caracterizada por movimentação desordenada, tumulto, conflito. E, ainda, agitação e vozerio comum às estraladas.

A busca de explicação do significado da palavra banzé pela determinação de seu étimo levaria, aliás, ante a ausência de informação documental, certos lexicógrafos a verdadeiros exercícios de imaginação gratuita, como o de fazer derivar o termo africano do japonês *banzai*. Ou ainda — e de qualquer forma já aqui com mais responsabilidade lexicológica —, a explicá-lo através de trabalhadas operações onomasiológicas, como a realizada pelo polígrafo Macedo Soares e aceita como boa pelo recopilador de contribuições afro-negras ao léxico popular brasileiro Adelino Brandão:

"O mais certo é, como diz Macedo Soares, filiá--la à forma quimbunda *mbanzue*, plural de *nigue* = vozes, vozeria. De fato, *banzé* é isto mesmo: confusão onde todo mundo fala."[88]

A explicação proposta convidaria mesmo, talvez, a ser aceita, não fora o conhecimento de um estudo apresentado pelo estudioso africano Eno Belinga durante reunião promovida em Yasunde, pela UNESCO, sobre "As tradições musicais da África", em 1970. Nessa oportunidade, ao referir-se às origens rituais das danças da corte Bamoun, do norte camaronês, o professor da Universidade Federal dos Camarões historiava:

"A corte bamoun se caracterizou por uma criação artística muito ativa e notadamente pela invenção de novas danças, sobretudo graças a Mboémboé, chamado 'Rei Gigante' [talvez, melhor, Grande Rei], que fez surgir a dança *banzié* de seus arcanos para ganhar a guerra contra os Foulbé."

Ao que acrescentava (evidenciando desde logo o caráter ritual da dança real ligada à religião local, conforme indicado na referência aos arcanos):

"Essa dança outrora dançada em segredo por dois ou três cortesãos, é de hoje [quer dizer, continuava viva em 1970] executada por cerca de trinta pessoas. A orquestra compreende seis sacos soantes (de pele de búfalo cheia de objetos metálicos barulhentos), quatro grandes tambores (um dos quais percuti-

---

[88] Adelino Brandão, "Contribuições afro-negras ao léxico popular brasileiro", *Revista Brasileira de Folclore*, Rio de Janeiro, ano VIII, maio-agosto, 1968, p. 123.

do pelo irmão e ajunto do Sultão Seidou) e dez sinos de ferro."[89]

Tal como deixa claro a descrição do especialista africano, a impressão sonora da citada dança do *banzié*, ao incluir, ao lado da batida dos tambores e da vibração dos sinos de ferro, a ruidosa sonoridade dos "objetos metálicos barulhentos" que os bailantes promoviam com o agitar rítmico dos sacos de couro, não deixaria de ser de fato a impressão de um banzé.

Considerada a notícia da existência em Portugal de uma dança denominada banzé, a justeza da interpretação parece justificada quando se atenta para um pormenor na descrição dos instrumentos usados pelos negros de Lisboa que aparece em número do *Folheto de Ambas Lisboas* de inícios de 1730. Segundo reportava o editor do semanário humorístico ao dar conta da festa do Rosário realizada naquele ano no adro da Igreja de São Francisco, entre os instrumentos que os devotos negros "tocavão entre si ao mesmo tempo" e com "estouro" (ou de forma estrondante) havia "pandeiros, pedras, aranhol, viola de tábua, reveca de coco, assobio, berimbau e cascaveis".[90]

Assim, pois, se entre tais instrumentos destinados a obter "estouro" sonoro estavam pedras, como explicar o efeito de seu uso, não fosse pelo agitá-las dentro de um recipiente qualquer, capaz de produzir efeito semelhante ao obtido na África com os tais "sacos soantes" no barulhento *banzié*?

É bem verdade que o redator não se referia especialmente à dança ritual do banzé nessa descrição da festa de negros em que "viola gral e rebeca fazião hu ben concertada dissonancia, can-

---

[89] Eno Belinga, "A música tradicional na África Ocidental: gêneros, estilos e influências", *Revista Brasileira de Folclore*, Rio de Janeiro, ano X, nº 26, janeiro-abril de 1870, p. 33.

[90] *Folheto de Ambas Lisboas*, nº 2, agosto de 1730, Lisboa Ocidental, Oficina de Música.

tando o berrante pelo cumbé", mas outra notícia sobre a mesma festa do Rosário dos Pretos realizada em outubro, agora na Igreja do Salvador, indica para essa dança do cumbé dos negros "pelos becos de Alfama" um claro sentido ritual.

Realmente, tal como o ruidoso *banzié* era uma dança de corte própria dos príncipes dos Camarões-Oeste, outras danças da África Ocidental prendiam-se a cultos particulares como, por exemplo, o dos "notáveis" locais.

Assim, quando o redator da *Folha de Ambas Lisboas* mostrava que os negros na festa do Rosário da Igreja do Salvador "andavão guapos pelos becos de Alfama dançando o cumbé ao som do tambor, tudo gravemente feito", talvez estivesse a indicar precisamente, com o atestado dessa gravidade dos bailantes, a dança ritual de notáveis que, no caso local, seriam os irmãos mais eminentes da Confraria de Nossa Senhora do Rosário dos Homens Pretos de Lisboa.[91]

Isso foi o que o autor aventou como hipótese no livro *Os negros em Portugal: uma presença silenciosa*, de 1988, ao lembrar no verbete *cumbi*, no capítulo "Contribuição africana para o vocabulário negro-português", a definição do estudioso brasileiro de temas africanos Souza Carneiro, que dava o cumbé como sinônimo de *cumbe* e *cucumba*, acrescentando — esclarecedoramente — constituir a "dança dos cumbas", "dança dos 'negros bem vestidos'".[92]

Ora, se a ideia de cumbas chegava à Bahia de inícios do século XX como a de "negros bem vestidos", não há como deixar de aproximar tal imagem dos negros a "andar muito guapos"

---

[91] Sobre a organização histórica dos pretos para o culto do Rosário em Lisboa desde o século XVI, sob o nome de Confraria do Rosário dos Homens Pretos, ver, do autor, o capítulo "Os negros nas irmandades e confrarias religiosas", de seu livro *Os negros em Portugal: uma presença silenciosa*, Lisboa, Editorial Caminho, 1988, 2ª ed., 1997.

[92] Souza Carneiro, *Os mitos africanos no Brasil*, Rio de Janeiro, Civilização Brasileira, 1937, p. 478.

dançando o cumbé na Lisboa do século XVIII ao "som do tambor, tudo gravemente feito", o que constituiria, afinal, a repetição que acontecia nas "danças de notáveis" da África Ocidental.

Para além do banzé e do cumbé, e quase certamente pelo fato de terem ficado para a história apenas como sons exclusivos de negros, três outras danças — duas com notícia de existência em Portugal e uma no Brasil — estavam destinadas a não deixar sobre elas maior informação que dos próprios nomes: o cabango ou cubango, o gandu e o paturi.

Sobre o paturi, do qual só se conhece a referência feita pelo poeta Gregório de Matos Guerra na Bahia de fins do século XVII,

"Ao som de uma guitarrilha
que tocava um columim
vi bailar na Água Branca
As mulatas do Brasil:
  Que bem bailam as Mulatas,
  que bem bailam o Paturi!",

o único que se pode deduzir é que o paturi — ouvido, surpreendentemente, na execução à pequena viola chamada de guitarrilha por um jovem indígena brasileiro, o columim ou curumim — seria apenas um som, ou música de dança sem canto.

Quanto ao cobango ou cubango, som de que o musicólogo brasileiro Rogério Budasz encontrou exemplo em códice do início do século XVIII guardado na Seção de Música da Universidade de Coimbra, terá sido uma música de ritmo muito vivo, embora a forma eruditizada com que aparece escrita remeta a um tipo de sonoridade mais próxima da música cortesã ibérica do que a esperada pelo ouvido popular.[93]

---

[93] A comprovação pode ser feita a partir do que se ouve na gravação do citado cubango realizada pelos músicos do Grupo Banza, em 2002 (com patrocínio da Petrobrás), *A música no tempo de Gregório de Mattos: músi-*

De fato, a rude simplicidade com que o ritmo para dança do cubango devia soar, tocado certamente de rasgado em instrumento tão rudimentar da época quanto o machinho ou machete (espécie de cavaquinho), aparece apontada de forma clara em texto de Frei Lucas de Santa Catarina anterior a 1740, no qual descrevia as "Festas Heroicas da Sobrelevante Irmandade da Vera Cruz dos Poyae" com a cena típica de diversão popular no então retirado bairro de São Bento:

> "Junto à Cruz ["esquecida Cruz" próxima do mosteiro beneditino] andavão as mochilas ao socairo [à boa vida] com seu gandum por pontos. E mochilo houve, que naquela noite quebrou dois machinhos a puro cobango."[94]

Conforme bem interpretado por Rogério Budasz em seu *A música no tempo de Gregório de Mattos*, o que Frei Lucas de Santa Catarina apontava no cubango era um ritmo tão vivo e picado, que os tocadores do povo (os mochilas ou mochilos eram gente das mais baixas camadas do povo) chegavam numa noite a quebrar dois machetes no esforço de reproduzir com seu rasgado de cordas de arame do pequeno instrumento a vivacidade de toque que o gênero pedia.[95]

---

ca ibérica e afro-brasileira na Bahia do séculos XVII e XVIII, nº 13, Cubango, 7º tomo (5:27), BR-TTH-04-00063.

[94] "Festas Heroicas da Sobrelevante Irmandade de Vera Cruz dos Poyae Sita Junto ao Regio Cenobio do Heremitico Monarcha S. Bento", *in Anatomico Jocoso*, tomo I, 1755, de Frei Lucas de Santa Catarina, sob o pseudônimo de Francisco Rey de Abreu Mata Zeferino, p. 278.

[95] Budasz neste ponto corrige interpretação do mesmo texto pelo autor deste livro em seu *Os negros em Portugal* com a observação: "a menção de que o mochilo teria quebrado dois machinhos parece indicar que tocar o *cubango* requeria do executante mais do que a costumeira energia".

O mesmo texto de Frei Lucas de Santa Catarina referia-se ainda a outra dança de som instrumental que dava como possível música tocada apenas de forma rasgada — como indicava a quebra de machinhos no caso da execução do cubango —, mas de maneira mais refinada, combinando tons, através do que então se chamava "tocar por pontos". Tratava-se do gandu, desde o século XVII apontado sempre e somente como baile, como fazia o satírico baiano Gregório de Matos Guerra nos versos em que proclamava "eu tenho grande desejo/ de ver bailar o gandu", antecipando-se em quase meio século a outra indicação de mesmo sentido aparecida em série de sonetos surgidos em Portugal satirizando a pretensão de mulheres negras de contemplarem-se ao espelho: "Pois se a verte no espelho chegas tu,/ dizem logo: essa negra que se vá/ baylar com mil diabos o gandu".[96]

Do ponto de vista de gêneros de música para dança apenas instrumental, a indicação de Frei Lucas de Santa Catarina, que em seu *Anatomico Jocoso* dava o gandu como tocado "por pontos", ou seja, já com certo requinte de execução, parece concordar com o que se ouve na versão escrita do "bailo" por músico erudito gravada sob a direção de Rogério Budasz. Realizada em estúdio com base no texto do códice da Seção de Música da Biblioteca Geral da Universidade de Coimbra sob a indicação "Gandum 7º tom", a peça soa, de fato, entre a solene e trabalhada vivacidade

---

[96] A este soneto "em consoantes forçadas", publicado no *Folheto de Ambas Lisboas*, nº 10, na virada dos anos 1730/1731, iriam seguir-se em 1736 o soneto "Uma negra vendo-se a um espelho" (Soneto VI à p. 328 do livro de João Cardoso da Costa, *Musa pueril*) com seu terceto final: "Pois para tal negrura como tu,/ Nesse lugar é bem que ver-se vá/ Lá nos reinos escuros do gandu" (território africano de onde supostamente tiraria nome a dança) e, finalmente, em 1746, o soneto "A huma negra vendo-se a hum espelho", publicado no folheto *Desenfado do Povo* (incluído na coletânea *Provas da História Anual*, do acervo da ANTT, que no tomo 2614 reúne folhetos publicados de 1746 a 1748), que no terceto final aconselha a negra: "Por que quem tiver cara como tu mui justa razão, que agora vá/ Buscar espelho ao Baile do Gandu".

A música popular que surge na Era da Revolução

da música comumente produzida por mestres ibéricos em estilo "andaluz".[97]

Assim, pois, se tais informações sobre o aparecimento de danças de origem negro-africana, tanto no Brasil quanto em Portugal, indicam em geral a criação de "sons" típicos de música apenas para "bailes" (com a inclusão de letras por gente branca, alfabetizada, de maneira sempre eventual), seria preciso explicar por que certo tipo de dança surgido com a marca africana indisfarçável da umbigada — que foi o lundu — pôde desdobrar-se no século XVIII nos dois primeiros gêneros de música popular urbana do mundo moderno: a modinha sentimental e o lundu divertido e malicioso.

---

[97] A impressão aqui registrada louva-se, neste ponto, na observação do musicólogo Rogério Budasz que, em e-mail de resposta à indagação do autor sobre a dificuldade de determinação do ritmo em exemplos de música recolhidos desde o século XVI por profissionais de nível erudito, escreveu: "Quando eu toco na viola aquelas peças afro do manuscrito de Coimbra, eu tenho a mesma impressão [de "jeitão meio andaluz"], porque mesmo sem a gente ter o ritmo, elas soam tão mouras nas melodias que parecem uns magam árabes" (e-mail dirigido ao autor em 20 de agosto de 2004).

9.
DOS CALUNDUS NASCEM OS LUNDUS

A dança que a partir do século XVIII se conheceria como lundu encontra sua origem em rituais da religião negro-africana que envolvia, desde o século XVII na colônia do Brasil, o culto de força sobrenatural chamada de calundu.

A procedência africana da invocação à entidade religiosa dos calundus seria documentada, ainda na segunda metade do seiscentos, pelo moralista Nuno Marques Pereira, que na crônica de suas andanças para denúncia de pecados da Bahia, ao perguntar a um senhor de escravos local "que cousa é Calundus?", ouviu como resposta:

> "São uns folguedos, ou adivinhações (me disse o morador) que dizem estes pretos que costumam fazer nas suas terras, e quando se acham juntos, também usam deles cá, para saberem várias cousas, como as doenças de que procedem; e para adivinharem algumas cousas perdidas, e também para terem ventura com suas caçadas e lavouras; e para outras cousas."[98]

Ante a resposta, o peregrino moralista reprova o consentimento do proprietário a tal infringência do primeiro mandamento da Lei de Deus — "Por este preceito se proíbe e condena todo o

---

[98] Nuno Marques Pereira (c. 1652-1733), *Compêndio Narrativo do Peregrino da América*, 6ª ed., Rio de Janeiro, Academia Brasileira de Letras, vol. I, pp. 123-4.

culto dos ídolos, e superstições, e uso de arte mágica" — e conclui apoiado na melhor doutrina oficial da igreja:

> "É sem dúvida que estes Calundus, que vós chamais, e consentis que usem deles os vossos escravos, e na vossa fazenda, é rito que costumam fazer, e trazer estes Gentios de suas terras."[99]

A descrição do proprietário branco de escravos e a conclusão preocupada do moralista, ao identificarem a invocação dos calundus com ritos religiosos africanos reproduzidos pelos negros na colônia portuguesa do Brasil, coincidiam em tudo com a definição que quase dois séculos depois o africanólogo Cordeiro da Matta daria para o termo *kilindu* em seu *Ensaio de dicionário kimbundu-português*: "divindade secundária responsável pelo destino de cada pessoa".[100]

Essa função por assim dizer oracular dos *kilundus* africanos, renomeados em português de calundus, implicava de fato, na prática, o surgimento de pelo menos um efeito comprovado sobre o comportamento dos crentes, que era o de deixá-los por vezes ensimesmados, apáticos ou como que distantes, quando se dizia então que "estavam com seus lundus".

A ocorrência do fenômeno, ao fazer supor que estar com os seus lundus equivalia a estar encantado, isto é, sujeito a um estado mental mágico-religioso, conduzia por sua vez à ideia de ser possível transferir a outrem o mesmo estado pela invocação de algum sortilégio.

A ideia dessa possibilidade ficaria expressa ainda no século XVII numa desabusada anedota veiculada pelo poeta satírico Gregório de Matos Guerra e que, já pelo longo título aposto pelo

---

[99] Nuno Marques Pereira, *op. cit.*, p. 38.

[100] Cordeiro da Matta, *Ensaio de dicionário kimbundu-português*, Lisboa, 1893.

recolhedor dos versos encontrados em manuscritos, evidenciava o conceito de fenômeno sobrenatural para o estado de lundu:

> "A Brazia do Calvário outra mulata meretriz de quem também falaremos, que estando em acto venereo com hum frade franciscano, lhe deo um acidente a que chamão vulgarmente Lunduz, de que o bom frade não fez caso, mas antes foi continuando no mesmo exercício sem desencavar, somente o fez, quando sentio o grande estrondo, que o vazo lhe fazia."[101]

No caso relatado nos versos de Gregório de Matos, o "servo de Jesus" conseguiu livrar-se dos efeitos do encantamento da mulata Brázia por ser "mais que os Lundus magano", o que lhe permitiria ainda humilhar a parceira com seu triunfo: "não vos hei de perdoar:/ puseste-vos a cascar,/ e invocastes os Lundus;/ Jesus, nome de Jesus!/ quem vos meteu no miolo,/ que se enfeitiçava um tolo/ mais que co jogo dos cus?".[102]

Ora, se a ideia da posse por lundus se originava do ritual religioso-africano dos calundus, ficaria por explicar por que tipo de mecanismo, afinal, tal fenômeno viria a ter seu nome atribuído a uma dança profana de roda, caracterizada pela movimentação de pares de dançarinos a evoluir ao som de palmas e percussão, enquanto aplicavam-se umbigadas.

A explicação revela dificuldade ainda mais porque, segundo as informações históricas desde sempre obtidas, não se conhe-

---

[101] Conforme manuscrito anônimo transcrito por James Amado em *Obras completas de Gregório de Matos: Sacra, Lírica, Satírica, Burlesca*, Salvador, Editora Janaína, 1969, vol. V, p. 1.133.

[102] No final da história, o poeta vale-se da concepção medieval segundo a qual, ao ser exorcizado, o demônio desaparece com estrondo, e, assim, atribuindo poder demoníaco ao calundu, faz com que a mulata Brázia, ao libertar-se da possessão, atire longe o frade pela expulsão dos seus gases.

A música popular que surge na Era da Revolução

ce caso da existência de um mesmo nome designar duas diferentes manifestações populares identificadas ambas pelo cultivo de sons, cantos e danças. Tal dificuldade estaria resolvida, é verdade, se o primeiro lundu, surgido da entidade *kilundu* africana cultivada em terreiros ou quilombos religiosos negro-brasileiros sob o nome de calundus, nenhuma ligação de sentido tivesse com o segundo lundu, conhecido apenas como dança.

Acontece que, como se percebe, já que não existe manifestação religiosa africana que não se processe através de competente ritual dançado e cantado ao som de percussão, por ser isso da essência mesma da sua crença numa ligação mágico-simbólica entre os homens e a natureza, qualquer invocação só é possível de visualizar-se pela representação coreográfica dos seus acidentes.

Assim, desde logo estabelecida essa primeira ligação indispensável à aproximação entre as duas manifestações classificadas de lundu, basta lembrar que, em sua resposta ao moralista Nuno Marques Pereira sobre "que cousa é Calundus?", o proprietário de escravos baiano começara a resposta pela informação precisa de serem "uns folguedos, ou adivinhações [...]/ que dizem estes pretos que costumam fazer nas suas terras". Pois a referência a tais folguedos só podia indicar, claro está, os batuques e danças que compunham o ritual das invocações às entidades espirituais indispensável às consultas oraculares das "adivinhações".

A consequência dessa equivocada visão do verdadeiro sentido dos rituais africanos sendo, pois, o de interpretar as cerimônias religiosas dos negros como festas, iria revelar-se — com o passar do tempo — na crescente participação de parcelas da população branca nos locais de culto, mas sempre sujeita a uma dupla alternativa de motivação: a da crença nos poderes ocultos das adivinhações (como na "*buena dicha*" das cartomantes) ou já da busca do gozo puro e simples dos folguedos.

Essa aproximação desvirtuada dos europeus e seus descendentes brancos no Brasil seria documentada ainda na segunda metade do século XVII em versos de Gregório de Matos, que em longo romance construído na forma de uma queixa da Bahia contra "as culpas, que lhe increpão", fazia dizer a acusada em sua defesa no "Preceito 1":

> "Que de quilombos, [locais de culto] que tenho
> com mestres superlativos,
> nos quais ensinam de noite
> os calundus e feitios,
> com devoção os frequentam
> mil sujeitos femininos,
> e também muitos barbados
> que se prezam de narcizos.
> Ventura dizem que buscam;
> Não se viu maior delírio!
> Eu, que os ouço, vejo e calo
> Por não poder diverti-los [desviá-los de seu intento]."

E depois de sugerir que "em tais danças/ Satanás anda metido", o poeta apontava, enquanto procurador da Bahia, o duplo resultado buscado pelos supostos devotos brancos locais em sua participação nos rituais dos negros:

> "Não há mulher desprezada,
> Galã desfavorecido,
> Que deixe de ir ao quilombo
> Dançar o seu bocadinho."[103]

É, pois, na esteira dessa possibilidade de os brancos da colônia portuguesa do Brasil aproveitarem-se interesseiramente dos rituais negro-africanos para "dançar o seu bocadinho", que se

---

[103] "Queyxa-se a Bahia por seu bastante procurador, confessando que as culpas que se lhe increpão, não são suas, mas sim dos viciosos moradores, que em si alberga-Romance", in *Obras completas de Gregório de Matos*, cit.

A música popular que surge na Era da Revolução

deve buscar a origem do aparecimento de tantas danças transformadas em bailes profanos a partir da interpretação puramente festiva da percussão religiosa dos batuques. E entre essas danças surgidas pelo correr do século XVIII ao influxo de tais condições, estaria aquela que, por logo incorporar versos que transformariam em canção — aliás, tão da moda, que recebeu o nome de modinha —, alcançaria o século XXI a dividir sua memória com a variante não esquecida do seu ritmo básico de lundu.

10.
O SIGNIFICADO DAS UMBIGADAS

Sob o nome inspirado pela visão que o ritual oracular dos calundus projetava na dança dos possuídos pelo *kilindu*, desde logo reconhecível na manifestação corporal de seus perturbadores lundus, a dança profana do lundu, caracterizada pelo pormenor coreográfico da umbigada, não deixava de possuir, também, a sua origem na religiosidade africana.

Sobre ter o próprio nome ligado às cerimônias dançadas dos calundus (em Minas Gerais, onde se chamava "calhandos" aos calundus, a justiça do rei mandava em 1735 repreender um branco proprietário por "consentir as supersticiosas danças dos Calhandos e entrar nelas"),[104] o lundu guardava na sua principal característica como dança a notícia de outro ritual africano.

De fato, segundo o testemunho marcado pela unanimidade do escândalo dos olhares missionários na África, a ideia de licenciosidade andava sempre ligada ao exercício da constante coreográfica do embate dos corpos nos movimentos de dança das chamadas umbigadas. Ora, onde tais figuras de dança mais apareciam durante as reuniões ritualísticas que desde o século XVI recebiam dos portugueses a designação de batuques, era na chamada "quizomba" — denominada no século XVIII de "quitomba"

---

[104] *Apud* José Ferreira Carrato, "A crise dos costumes nas Minas Gerais do século XVIII", separata da *Revista de Letras da Faculdade de Filosofia, Ciências e Letras de Assis*, 1962, vol.3, pp. 41-2. Carrato aponta como fonte de suas informações o *Livro das Devassas ou Visitas*, do Arquivo Metropolitano de Mariana, Minas Gerais.

pelo padre Cavazzi da Montecuccolo, que a incluía entre "as danças eróticas".[105] E bastaria a descrição do observador português de costumes africanos Landislau Batalha para compreender por que a umbigada, presente em algumas dessas danças, transformou-se, afinal, no lundu brasileiro-português. E, realmente, depois de registrar que na África a quizomba tem sempre lugar nos "quintais largos" e é tema obrigatório quase todas as noites, descrevia Batalha:

> "A dança consiste em formar uma roda, dentre a qual saem uns pares que bailam no largo, dois a dois, tomando ares invocadores e posições indecorosas, em que a voluptuosidade discute com a insolência as honras da primazia. Os que entram na dança cantam em côro a que os dois pares respondem em canções alusivas a todos os feitos conhecidos da vida privada dos presentes e dos ausentes."[106]

É bem verdade que nessa descrição da quizomba angolana em que formam sempre pares a bailar, dois a dois, "tomando ares invocadores e posições indecorosas" — tal como, aliás, na dança da fofa —, não há referências expressas à umbigada, mas por sua ligação a simbolismos sexuais (às vezes recebendo nomes como *nyambuatari*, *quicia*, *guingaria* ou *mampombo*, citados pelo padre Cavazzi), tal movimento alusivo à união homem-mulher não deixaria de aparecer. O que era, aliás, normal acontecer em todas as versões do ritual de fertilidade praticado pelo interior do Congo até o norte de Ambriz, acima de Luanda.

---

[105] Padre Giovanni Antonio Cavazzi da Monteccucolo, *Descrição histórica dos três reinos do Congo, Matamba e Angola*, tradução em três volumes da edição de Bolonha de 1687, por Graciano Maria de Leguzzano, Lisboa, 1965.

[106] Ladislau Batalha, *Costumes angoleses*, Lisboa, 1890.

De fato, como anotado por Alfredo Sarmento em seu *Os sertões d'África*, nessa região da área Congo-Angola dançava-se durante as cerimônias de casamento uma espécie de suíte de cenas da vida conjugal que, sob o nome de "lembamento" ou "lemba", incluía necessariamente a representação coreográfica de jogos amorosos e do ato sexual. E o mesmo observador (que conhecia o interior africano de São Paulo de Assunção de Luanda até São Salvador, no Congo) acrescentava, em explicação de como "os cantares que acompanham estas danças lascivas" passavam às umbigadas na área de Luanda:

> "Nesses distritos e presídios, o batuque consiste também num círculo formado pelos dançadores, indo para o meio um preto ou preta que depois de executar vários passos, a que chamam *semba*, na pessoa que escolhe, a qual vai para o meio do círculo, substituí-lo."[107]

Esse sentido inicialmente ritual das umbigadas do lundu, por certo passado com os escravos de Congo-Angola à colônia americana de Portugal, estava destinado a conservar pelo século XVIII essa sua forma mais primitiva não apenas no Brasil, mas no próprio continente africano, após levada a dança por negros brasileiros para as ilhas de Cabo Verde.

A notícia desse curioso processo de refluxo cultural seria oferecida em 2003, em Lisboa, por Antonio Germano Lima, dou-

---

[107] Alfredo de Sarmento, *Os sertões d'África (Apontamentos de viagens)*, Lisboa, Editor-proprietário Francisco Arthur da Silva, 1880, p. 127. À p. 206 de seu *Folclore pernambucano*, Pereira da Costa, ao referir-se a cantos de "letra africana" ouvidos em fins do século XIX em Pernambuco, acusa também a existência de diferenças entre as formas de danças "do Congo, ou de Loanda", mas ao explicá-las "segundo uma descrição que temos presente" — como escrevia — indicava apenas a reprodução, sem aspas, da descrição de Alfredo Sarmento acima citada.

torando caboverdiano da Universidade Portucalense, em comunicação que os estudos (que estão ainda por se fazer) do intercâmbio Europa-África-América no campo das relações populares lhe ficam desde então a dever, pela importância ou oportunidade da contribuição.[108]

Segundo o pesquisador caboverdiano, o *landu*, desde a virada do século XX para o XXI praticado apenas na ilha da Boavista (embora informantes ainda o tenham conhecido em outros grupos de ilhas do arquipélago), é dança cujo caráter ritual se evidencia no fato de constituir parte culminante das cerimônias de casamento, com obrigação de realizar-se a dança exatamente à meia-noite, antes da retirada dos noivos a seus aposentos.

Esse *badjá landu*, ou bailar landu, na linguagem local, guarda ainda em seu gestual a memória exata das danças rituais africanas do lembamento, o que o autor da comunicação confirma ao relatar:

> "Com efeito, representando nessa ilha da Boavista o ato final das cerimônias de casamento tradicional, ao dançar o landu perante os presentes, os recém-casados envolvem-se num jogo pré-nupcial, através do qual o marido como que exibe a sua virilidade e a esposa procura realçar os seus dotes femininos, ao mesmo tempo que tenta demonstrar publicamente a sua fertilidade e sua capacidade de gerar muitos filhos."[109]

---

[108] A comunicação de Antonio Germano Lima aparece publicada sob o título "O *landu* do Brasil à ilha da Boavista, ou símbolo de um diálogo de culturas", no volume *Sonoridades luso-afro-brasileiras*, publicado pela Imprensa de Ciências Sociais, do Instituto de Ciências Sociais da Universidade de Lisboa, em setembro de 2004.

[109] Antonio Germano Lima, *op. cit.*, p. 282.

No caso da dança desse landu da Boavista documentado pelo pesquisador caboverdiano, o noivo evoluía a dançar à volta da noiva na clara intenção de cortejo — que ela aceita, mas açulando o parceiro com negaças do corpo — até que, em dado momento, ele suspende a aba do casaco como que a esvoaçar sobre a companheira, "como um galo que tenta envolver totalmente uma galinha no cio". Tudo, naturalmente, acompanhado pela música do rápido sincopado do lundu "tradicionalmente tocado a solo de rabeca, com acompanhamento de violão, viola de dez cordas, cavaquinho e ocasionalmente banjo". Ao que o pesquisador acrescenta: "a meio da música, porém, irrompe sempre uma voz repentista no que é automaticamente acompanhado pelos convivas no coro ou *baxon:* Olé-lé-lé-lé — Olá-lé-lé-lá".[110]

Segundo o autor da comunicação, o fato mais instigante em torno da existência desse landu na ilha da Boavista estaria em que, a julgar pelo que as pesquisas em torno do tema permitem concluir, a possibilidade de ter "entrado diretamente da África negra seria de imediato refutada", e por três razões que o pesquisador enumera:

> "(1) Como já vimos. o landu, canto-dança já elaborado, é produto de aculturação de cantos e de danças de origem banta no Brasil; (2) os escravos dos poucos navios negreiros procedentes dos territórios do *Kongo* e da *Ngola*, respectivamente, e que provavelmente escalavam a ilha de Santiago, destinavam-se nomeadamente às Antilhas e ao Brasil; (3) dos escravos que ficaram em Santiago, o peso numerário dos escravos da região sudanesa era muito superior em relação ao diminuto número de escravos procedentes da região *Kongo* e de *Ngola*, o que terá contribuído para uma forte aculturação por aqueles, portanto com perdas

---

[110] Antonio Germano Lima, *op. cit.*, pp. 284-5.

irreparáveis de traços culturais dos bantos em relação ao dos sudaneses."[111]

Para confirmação de suas conclusões, o mesmo pesquisador oferece um dado histórico pouco divulgado, mas de fato muito esclarecedor, ao anotar: "Tenhamos presente outrossim, que as ligações marítimas entre o Brasil e as ilhas de Cabo Verde eram frequentes desde o início do tráfico negreiro da África para o Brasil e para as Antilhas". Ao que acrescentava, apoiado no estudo de Antonio Carreira *O tráfico de escravos nos rios da Guiné e ilhas de Cabo Verde (1810-1850)*:

"Ora, de acordo com Antonio Carreira, a estadia dos navios nos portos de carga era demorada e cada navio realizava por ano em média uma única viagem entre a costa ocidental africana e as Américas. [...] Assim, os convívios e os consequentes e espontâneos intercâmbios culturais entre os marinheiros e os residentes, ao que juntavam comerciantes de várias nacionalidades, eram inevitáveis."[112]

Informação que reforça outra colhida no trabalho de pesquisa "Apontamentos sobre a ilha da Boa Vista", de 1981, em que seu autor, Mário Lima, observava: "Há quem diga que o 'landu' foi introduzido na ilha pelos tripulantes dos muitos patachos brasileiros que lá iam carregar urzela".

Pois seria este lundu originado de danças rituais que, embora já iniciado seu processo de evolução para dança profana de pura diversão marcada maiormente pelo traço coreográfico das suas umbigadas, após chegar a Cabo Verde, alcançaria Portugal para tornar-se, ao lado da fofa, dança de rua em Lisboa, número

---

[111] Antonio Germano Lima, *op. cit.*, pp. 278-9.

[112] Antonio Germano Lima, *op. cit.*, p. 279.

de entremez nos teatros e, finalmente, cantiga brejeira ou maliciosa produzida por poetas anônimos do povo. Isso ao mesmo tempo em que emprestaria o ritmo à criação de modinhas, com que letristas brasileiros e portugueses iriam inaugurar um novo gênero de canção urbana.

11.
O ENCANTO NOVO DO LUNDU BRASILEIRO EM PORTUGAL

A dança do lundu, que a partir da década de 1780 começaria com o atrevimento coreográfico das suas umbigadas a disputar com a fofa das baixas camadas de Lisboa a popularidade nas ruas, chegava a Portugal com pelo menos vinte anos de evolução entre a heterogênea população negro-europeia da colônia brasileira.

Gradativamente despido de sua condição inicial de dança religiosa pela progressiva intromissão, nos batuques rituais de calundus e lembamentos, da gente branca interessada apenas em "dançar o seu bocadinho", o lundu iria ganhar o caráter definitivo de dança popular ao evidenciar-se enfim — em meados do século XVIII — a diferença existente entre sagrado e profano no interior do que até então se classificara genericamente de batuques.

Essa distinção seria reconhecida inclusive oficialmente em 1780, quando o ministro português Martinho de Melo e Castro, solicitado pelo rei a dar resposta ao governador de Pernambuco, José César Menezes, sobre pendência com o Tribunal da Inquisição em torno de "danças supersticiosas", pediu ao ex-governador daquela província, Dr. José da Cunha Grã Ataíde, que desse sua opinião sobre o caso. O ex-governador, então, com a experiência que tinha da vida e costumes de Pernambuco de 1768 a 1769, responde ao ministro ser necessário estabelecer-se uma distinção entre o que havia de superstição e de mera diversão nas danças dos negros. As diversões seriam aquelas em que os

> "Pretos divididos em nações e com instrumentos próprios a cada uma nação, fazem voltas como Arlequins

e outras danças com movimento de corpo, que ainda não sejam os mais inocentes são como os Fandangos de Castela, as fofas de Portugal, e os Lundus dos Brancos e Pardos daquele paíz."

E sendo assim não havia porque reprimi-los. O perigo estava nas danças do ritual religioso africano, que o ex-governador demonstrava bem conhecer ao acrescentar:

"Os Bailes que entendo ser de uma total reprovação são aqueles que os Pretos da Costa da Mina fazem às escondidas, ou em Casas ou Roças com uma Preta Mestra com Altar de Ídolos."

E foi diante desse fundamentado parecer que o ministro Martinho de Melo fez expedir no dia 4 de julho daquele mesmo ano de 1780, por ordem de Sua Majestade, aviso ao governador de Pernambuco que "não permitisse as danças supersticiosas e gentílicas", mas estabelecendo que, quanto às demais

"dos Pretos ainda que pouco inocentes podiam ser toleradas, com o fim de evitar-se com este menor mal outros males maiores, devendo contudo usar de meios suaves, que a sua prudência lhe sugerisse, para ir destruindo pouco a pouco um divertimento tão contrário aos bons costumes".[113]

---

[113] "Correspondência da Corte, 1780-1781", documento à fl. 23-verso, do acervo da Biblioteca do Estado de Pernambuco, transcrito por Robert C. Smith em seu estudo "Décadas do Rosário dos Pretos", *Revista Arquivos*, Recife, Divisão de Documentação e Cultura, nº 1-2, 1945-1951, p. 148. O aviso de 1780 ao ministro português Martinho de Melo e Castro continuava em vigor em Pernambuco mais de quinze anos após, pois em 1796, ante reclamação dos moradores da cidade de Goiana contra o ruído provocado pelos batuques de negros nos dias santos e feriados, o governa-

O que ressalta de importante das ponderações do ex-governador conde de Pavolide é a observação de que já em 1780 ele enxergava, na parte profana das danças negras baseadas apenas em "movimentos de corpo" — que lhe fora dado ver em Pernambuco quase vinte anos antes, entre 1768 e 1769 —, a simples reprodução do que também se podia observar na coreografia de outras danças então conhecidas, como os fandangos de Castela, as fofas de Portugal e os lundus de brancos e pardos do Brasil.

Quanto ao testemunho, pois, o ex-governador de Pernambuco nada mais fazia do que admitir como natural a evolução das danças negro-africanas para outras formas de danças já não apenas negro-brasileiras, mas mestiças (e mesmo de brancos do povo), tanto do Brasil quanto de Portugal.

No caso do lundu, sua maior atração — e também motivo de repúdio por parte da gente branca mais refinada — seria o gosto coreográfico da umbigada, que a perda do primitivo sentido de ritual de fertilidade do lembamento africano transformava numa espécie de vênia julgada de efeito licencioso.

A larga aceitação da forma de dança do lundu, tanto na colônia quanto na metrópole, apesar da predominância desse traço de indisfarçável origem africana em sua coreografia, encontrava explicação, aliás, na observação mesma do ex-governador de Pernambuco ao dá-la como dança de brancos no país. É que a passagem das danças rituais exclusivamente africanas, primeiro para diversão de crioulos e mestiços locais, e depois para gozo

---

dor D. Thomas José de Melo estabelecia: "Quanto aos batuques que os negros dos engenhos dessa vila [de Goiana] costumam praticar nos dias santos, juntando-se na mesma, não devem ser privados de semelhante função, porque para eles é o maior gosto que podem ter em todos os dias de sua servidão, porém sempre devem ser advertidos por Vossa Mercê [comandante militar da cidade] a fim de não praticarem distúrbios, sob pena de serem castigados asperamente" (ofício transcrito por Pereira da Costa em *Folclore Pernambucano*, Revista do Instituto Histórico e Geográfico Brasileiro, tomo LXX, Rio de Janeiro, 1908, pp. 205-6).

geral de pretos, mestiços e brancos, dava-se sempre através de uma espécie de ascensão étnico-social que espelhava em tudo a realidade do processo histórico colonial: o escravo africano na base, o crioulo forro e o pardo no estágio superior do trabalho livre, e os brancos sujeitos apenas às naturais divisões de classe decorrentes do modelo econômico europeu.

A forma pela qual esse mecanismo funcionava seria posta em evidência ao início mesmo do processo, não na colônia, mas na própria metrópole, através dos versos de um cronista satírico da vida de Lisboa de fins do século XVII e inícios do século XVIII, o padre dominicano Frei Lucas de Santa Catarina, que registrava em texto para folheto de cordel só publicado entre 1755 e 1758:

> "Do Brasil em romaria
> Os sons vêm ali [a Alfama] descalços.
> Criam-se ali, ali crescem,
> E dali se vão passando
> Pouco a pouco para as chulas
> Piam piam para os mulatos."[114]

Era o retrato, enfim, do fenômeno — por sinal não apenas luso-brasileiro, mas ibérico como um todo —, tal como aponta o autor em seu livro *As origens da canção urbana*, referindo-se exatamente a esses versos reveladores de Frei Lucas:

> "Era como se o redator do folheto documentasse sociologicamente o fato de, embora criados na colônia, os sons chegados descalços — os escravos levados do Brasil não usavam calçados — encontrarem em Lisboa imediata aceitação nos bairros pobres, certa-

---

[114] "Entrada quarta para as festas de N. Senhora do Cabo", Frei Lucas de Santa Catarina, in *Anatomico Jocoso*, tomo III, Lisboa, Oficina do Doutor Manuel Alvarez Solano, 1758, p. 209.

mente também estes, redutos de gente matizada por séculos de cruzamentos sociais."

Após o que, escrevia:

"E o fenômeno não era apenas português, porque, como na Espanha a cidade de Sevilha representava, tal como Lisboa, equivalente papel de entreposto e centro administrativo da economia colonial, também lá de há muito Lope de Vega (1582-1635) pudera dizer da 'chacona mulata' — canto e dança assim referida por seu contemporâneo Francisco Quevedo (1580--1645) — que 'De las índias a Sevilla/ ha venido por la posta'."

E concluía:

"A metáfora para explicar a chegada da dança cantada da chacona a Espanha 'pelo correio' sugeria a verdade, pois eram os próprios castelhanos que se encarregavam de divulgar as novidades coloniais ao voltarem acompanhados de seus escravos."

Observações julgadas oportunas para, enfim, poder resumir:

"Ia ser, pois, desse vaivém de castelhanos e portugueses, entre a metrópole e suas colônias, que resultaria não apenas a oportunidade de intercâmbio gerador de novas criações culturais na área do lazer das baixas camadas urbanas, mas também o fenômeno da quase simultaneidade na notícia do aparecimento de tais novidades."[115]

---

[115] José Ramos Tinhorão, *As origens da canção urbana, cit.*, p. 121.

Pois se o encanto novo levado a Portugal pelas umbigadas do lundu fazia aceitar a coreografia da dança, seria preciso mostrar por que o gênero iria revelar-se também atraente pelo ritmo, a ponto de permitir seu duplo aproveitamento futuro como canção: em espécie de cantar de estilo estrofe-refrão com letra engraçada ou maliciosa, enquanto lundu propriamente dito, e em cantiga de caráter melódico de vocação amoroso-sentimental enquanto variante do primeiro, sob o nome de "modinha".

12.
SOM DOS BATUQUES EXPLICA O LUNDU

Se existe um ponto em que todas as descrições de danças dadas como de origem negro-africana concordam, tanto em Portugal quanto no Brasil, é o da disposição dos músicos e participantes ativos da função em roda, para o meio da qual convergem um ou mais pares de dançarinos a encenar um jogo de sedução, que envolve o caminhar bamboleante para encontro frontal dos corpos, em simples vênia, ou aplicação direta de uma umbigada.

A música destinada a animar os movimentos corporais nessas danças, tendo contado na África, conforme a região, com ampla variedade de instrumentos de percussão, corda, teclado (de lâmina fixa ou solta), de fricção e sacudidos, foi reduzida na metrópole portuguesa e na colônia brasileira praticamente à percussão de tambores, atabaques, pandeiros, e de canzás e berimbaus (o oricumbo ou ricumbo), com o acrescento de duas contribuições populares europeias: a rabeca e a viola de cordas de arame.[116]

Embora não se disponha de notação escrita capaz de permitir a reprodução da música produzida na época com o uso de tal instrumental, a descrição da forma com que era dançada aliada ao que se conhece até hoje da percussão negro-africana sob a designação de batuque, permite destacar certos traços característ-

---

[116] A comprovação é do musicólogo vienense Gerhard Kubik em seu estudo "Natureza e estrutura de escalas musicais africanas", tradução de João de Freitas Branco, *Estudos de Antropologia Cultural*, nº 23, Lisboa, 1970, p. 17.

ticos como muito prováveis. Em primeiro lugar, a alegada "bizarra dissonância" que fazia — como registrado em 1730 no *Folheto de Ambas Lisboas* — indicaria a impressão, ao ouvido europeu, da rica polifonia rítmica própria da percussão africana. Inarmonia aparente desde logo reforçada na parte do canto pela intromissão de "duas ou três vozes soando em paralelo", conforme prática "espalhada em muitas partes da África".[117] E, ainda mais, como o canto negro-africano adota por regra o estilo responsorial, baseado no efeito do coro-refrão com breve defasagem de tempo entre as vozes, quase certamente seria esse mesmo pormenor que estariam a indicar os versos da "Ensalada para o Natal" incluídos no "Vilancico entremezado dos Touros para o Natal", publicado no tomo III da coleção do *Anatomico Jocoso* que mostrava pretos na dança cantada do bacolá:

"Pala vê meu namulado   bacolá
Vem dos groria sua mercê   bacolé
Sá preto non sá cativo   bacolá
Sá comas branco também   bacolé."[118]

---

[117] A rabeca usada pelos negros de Lisboa era a mesma "rabeca de cego" dos poetas pedintes e vendedores de folhetos de cordel, mas que no Brasil chegou a ser conhecida pelo nome de "rabeca de escravo", como mostra exemplar guardado na Sala de Música do Museu Histórico Nacional, no Rio de Janeiro. Reprodução fotográfica desse exemplar de "rabeca de escravo" ilustra o artigo "Os instrumentos musicais primitivos afro-brasileiros no Museu Histórico Nacional", do Professor Gerardo A. de Carvalho, *in Anais do Museu Histórico Nacional*, vol. IX, Rio de Janeiro, 1948, p. 155. Quanto à viola de corda de arame, seria a mesma de quatro ou cinco cordas em uso pela gente das camadas populares desde o século XVI, conforme descrição por Mario Sampayo Ribeiro em seu estudo *As guitarras de Alcacer e a guitarra portuguesa*, Lisboa, Arquivo Histórico Português, vol. II, Bertrand Irmãos, 1936.

[118] "Vilhancico Entremezado de Touros para o Natal", *in Anatomico Jocoso*, tomo III, cit., p. 209.

A própria preocupação gráfica de distanciar as exclamações "bacolá-bacolé" evidenciaria, como fica claro, a preocupação de indicar a diferença de tempo com que eram gritadas as respostas às chamadas de cada verso, atirado como provocação sonora.

De qualquer forma, foi certamente a impressão rítmica desses batuques de negros, percebida como um todo pelos ouvidos dos brancos da metrópole e da colônia brasileira, que iria permitir ajuntar aos traços igualmente marcantes do gestual das danças africanas o modelo de acompanhamento sonoro que caracterizaria o lundu.

A configuração do novo gênero de dança do lundu — destinado a ter ampliada a parte cantada dos estribilhos, até sua transformação em canção — começou pela metade dos 1700 com seu progressivo afastamento da "bizarra dissonância dos batuques", na parte da música, e sua aproximação com sugestões coreográficas de danças populares dos brancos da época, como a fofa e o fandango.[119]

Uma primeira indicação de como essa evolução terá acontecido foi oferecida pelo autor em seu livro *Música popular: de índios, negros e mestiços*, de 1972, ao escrever sobre o aparecimento do lundu:

> "A grande novidade dessa dança em que, tal como no caso da fofa, a coreografia vinha do fandango dos europeus e o ritmo das umbigadas do batuque dos

---

[119] A fofa, passada a Portugal em 1752 (conforme comprova o folheto *Relação da fofa que veio agora da Bahia*), iria transformar-se na metrópole em dança nacional, conforme depoimentos de visitantes estrangeiros como Dumouriez em 1765, Dalrymple em 1774 e Duc du Chatelet em 1777. Tal como o fandango visto em Madri em 1765 pelo aventureiro italiano Giovanni Jacopo Casanova, essas danças iriam contribuir para a do lundu com o castanholar dos dedos à mourisca, braços em arcos sobre a cabeça, a que não faltava a sugestão erótica, comum a todas, dos "movimentos indecentes" herdados dos batuques de negros.

negros, ia revelar-se na parte cantada, surgida a pouco e pouco dos estribilhos marcados por palmas.

O papel do 'coro improvisado' que os espectadores cantavam marcando o ritmo com palmas, era o de incentivar os dançarinos para o bom desempenho da sua representação dramática de um jogo amoroso capaz de conduzir ao clímax sexual simbólico da umbigada."

Ao que acrescentava:

"Estruturados esses estribilhos, dentro da marcação rítmica particular de um batuque adaptado a determinada sequência de desenho da dança, a tendência natural — quando tais estribilhos eram executados à viola, fora do terreiro — era a de pedirem uma parte cantada mais extensa, em que pudessem ser encaixados como arremate."

Como esse processo de um gênero de canção a partir da dança começou a se desenvolver em execuções à viola, a influência da percussão do batuque iria revelar-se na entonação de chulas de "ritmo cadenciado e onomatopaico" (como bem observou Guilherme Melo em seu livro *A música no Brasil*), ao final das quais se acrescentava o estribilho, que traduzia a parte cantada em coro, com acompanhamento de palmas.

E o autor concluía, concordando com a folclorista Oneyda Alvarenga em sua interpretação musicológica de um pormenor que confirmava tudo o que a pesquisa histórica permitia deduzir sobre a transformação do lundu em canção:

"É pelo menos assim que se explica a conclusão a que chegou a folclorista Oneyda Alvarenga no seu livro *Música popular brasileira*, ao concluir através de uma análise estritamente musical que no 'lundu canção do século XIX, a música em compasso binário apresenta muitas vezes uma parte de estrutura declamatória, com valores rápidos e intervalos curtos (estrofe), a que se segue uma outra parte de caráter coreográfico nítido e sincopada (o refrão)'."[120]

A estruturação do lundu tocado à viola à base desses valores rápidos e intervalos curtos — que se consolida como gênero de música popular no teatro musicado do século XIX e na produção de discos no início do século XX, numa confirmação das características já reveladas no século XVIII — serviu assim para estabelecer, afinal, a diferença reconhecível por qualquer ouvido entre sua batida enquanto música para canto (a solo ou solo e coro), ou som de batuques próprio apenas para dança de percussão.

Seria, pois, essa constância rítmica das síncopas repetidas nas cordas da viola, em adaptação das batidas dos tambores e atabaques dos batuques de negros, o que iria ganhar caráter próprio entre as baixas camadas do Brasil e de Portugal, para logo desdobrar-se, ainda no século XVIII, nas duas vertentes musicais das modinhas amorosas de salão e dos lundus cantados e dançados pelas ruas e nos entremezes de teatro.

---

[120] José Ramos Tinhorão, *Música popular: de índios, negros e mestiços*, Petrópolis, Vozes, 1972, pp. 135-6.

13.
MODINHA É CANTO DE TERNURA
SOBRE REFRÃO DE LUNDU

A julgar pelo que os poucos exemplos escritos de lundus e modinhas setecentistas têm permitido aos musicólogos observar — após exames das trinta músicas do manuscrito anônimo "Modinhas do Brazil", guardado sob n° 1596 na Biblioteca da Ajuda, e das quarenta do manuscrito "Muzica escolhida da Viola de Lereno (1799)" sob cot. MM.4.801 na Biblioteca Nacional de Lisboa —,[121] "modinha lundu" e "romance" seriam nomes para designar um estilo de canção posto em moda pela segunda metade do século XVIII.

A imprecisão nasceria do fato de, a rigor, jamais ter havido um gênero de música definido sob a designação expressa de moda. Como as fontes impressas setecentistas indicam, tal nome apa-

---

[121] O estudo das "Modinhas do Brazil" e da Biblioteca da Ajuda deve-se, respectivamente, ao professor norte-americano Gerard Béhage no seu artigo de 1968 "Biblioteca da Ajuda (Lisbon) Mss 1595/1596: Two Eighteenth-Century Anonimous Collections of Modinhas", publicado no vol. IV do *Yearbook* do Inter-American Institute for Musical Research, da Universidade de Tulane, Nova Orleans; ao professor José Maria Neves, que após pesquisas em 1983 em arquivos de Portugal, Espanha e França dirigiu a gravação das trinta músicas do manuscrito "Modinhas do Brazil" no LP editado pela Universidade do Rio de Janeiro em 1984; e ao musicólogo Edílson de Lima, autor do amplo estudo *As modinhas do Brasil*, publicado em São Paulo em 2001 pela editora da Universidade de São Paulo. A tais estudos deve somar-se o do professor Manuel Morais sobre quarenta músicas manuscritas de dois cadernos de 38 folhas intitulados "Muzica escolhida de Viola de Lereno (1799)", por ele localizados na Biblioteca Nacional de Lisboa, e sob sua responsabilidade editados no volume de mesmo título em 2003 por Estar-Editor, Lisboa.

recia sempre ligado a uma novidade musical qualquer. E isso podia ser comprovado desde o início do século XVIII, quando o folheto *Relação Curiosa de Várias Cantigas em Despedidas, da Corte para o Deserto*,[122] ao anunciar "Depois que veio essa moda/ Das fofas repinicadas", concordava com o que dizia em 1770 o personagem do *Entremez da Peregrina*, ao contrariar sugestão do interlocutor que lhe propunha "Cantemos antes que vás/ Duas cantigas da Fofa", sugerindo-lhe: "Da Fofa, não se tu queres,/ Cantaremos outra moda".[123] E nem era outra coisa que dava também a entender em 1784 o personagem do entremez *Os Cazadinhos da Moda* ao comunicar: "Ensinaram-me uma certa moda nova".[124] E ainda como, no folheto *Pragmática da Sécia contra todas as Franças e Casquilhos*, o autor moralista criticava o pai que dispendia "dinheiro com franceses bailaricos, mandando ensinar as filhas a dançar o passa pié, o outras modas".[125]

A mesma impressão quanto aos nomes sob os quais se podia designar essa nova moda de um cantar acompanhado por um tipo de música identificável por sua "síncopa sistemática" — na expressão de Gerard Béhage — iria revelar-se igualmente na ambivalência com que, diante de uma mesma configuração ritmo--melódica, se falava ora de modinha ora de lundu.

Uma demonstração dessa indefinição registrava-se, por exemplo, na atribuição do gênero para a composição do poeta tocador

---

[122] *Relação Curiosa de Várias Cantigas em Despedidas, da Corte para o Deserto*", sem indicação de autor ou editor, mas saída de oficina de Lisboa na segunda metade do setecentos.

[123] "Entremez da Peregrina", *apud* Teófilo Braga, *O povo português nos seus costumes, crenças e tradições*, Lisboa, Livraria Ferreira-Editor, 1885, tomo II, p. 40.

[124] *Entremez intitulado Os Cazadinhos da Moda*, Lisboa, Oficina de Francisco Luiz Ameno, 1784.

[125] *Pragmática da Sécia contra todas as Franças e Casquilhos*, folheto transcrito por Manoel Bernardes Branco em apêndice a seu livro *Portugal na época de D. João V*, Lisboa, Antonio Maria Ferreira Editor, 1886.

de viola Domingos Caldas Barbosa intitulada "Eu nasci sem coração", que aparece no caderno manuscrito "Modinhas do Brazil" como modinha, quando o próprio autor dos versos (publicados *post-mortem* no tomo II da coletânea *Viola de Lereno*, em 1826) indicara expressamente "Lundun".

Tal dificuldade poderia propor talvez alguma discussão de semasiologia musical, não fora a audição desses lundus e modinhas tal como aparecem interpretados modernamente em discos produzidos sob a direção de musicólogos brasileiros e portugueses: o que se destaca musicalmente, tanto sob um nome quanto outro, é o indisfarçável balanço quebrado do lundu herdeiro da sonoridade geral dos batuques.

De fato, das trinta músicas do caderno "Modinhas do Brazil" ouvidas nessas gravações documentais (desprezadas as inevitáveis questiúnculas técnicas entre os especialistas), nada menos de 21 delas são imediatamente reconhecíveis como lundus, a que não falta sequer, algumas vezes, referência aos primitivos estribilhos marcados por palmas dos batuques nos seus "Ai le-le-le sinhá", "Ai le-le-le, há! Meu bem" ou "Ai le-le-le coração".[126]

O que a audição dessas músicas permite, pois, concluir, é que sobre o ritmo básico do lundu — e certamente como resultado do substrato cultural responsável por um gosto comum aos brancos europeus — os autores das solfas emprestavam mais ênfase à parte das composições que correspondia aos versos das estrofes construídas sobre os refrões.

Isso iria revelar-se, aliás, como constância na história dos gêneros de canções urbanas surgidas a partir de estribilhos de danças de negros, pois como para estes basta em seus batuques a repetição incansável de uma mesma frase rítmica sempre muito curta (geralmente um ou dois versos marcados por palmas), a

---

[126] Tal como servem de exemplo no citado caderno "Modinhas do Brazil" os lundus "A saudade que no peito", "Ganinha, minha Ganinha" e "Ninguém morra de ciúme" (este, por sinal, tocado de rasgado).

tendência dos brancos era a de enriquecer o canto com a interpolação de quadras a título de chulas ou cantigas soltas. Com o tempo, a contribuição pessoal dos fazedores de versos dotados já de certo nível, ou mesmo simples poetas de profissão, levou a pensar esses improvisos sobre estribilhos fixos como composições autônomas, logo transformadas em canções com a forma de rondó.

Foi, pois, essa evolução para gênero de canto do que constituía antes estribilhos de danças de batuque, o que permitiria como passo seguinte determinar, ante o tipo de canção daí resultante, a divisão em duas vertentes do que surgira como lundu. A que passava a emprestar aos versos das estrofes caráter melódico e sentimental, e a que acentuava a alegre característica da síncopa dos estribilhos com a criação de versos engraçados e maliciosos.

O início desse processo evolutivo de transformação do que era estribilho de dança à base de percussão em canção inicialmente acompanhada à viola de cordas de arame (e, logo, por instrumentos de salão com canto a duo), aconteceu na colônia brasileira ainda pela primeira metade do século XVIII.

Embora o conde de Pavolide só em 1780 citasse expressamente o lundu em referência a som de batuques dos negros ouvidos em Pernambuco de 1768 a 1769, o ritmo da dança já por aqueles anos deveria servir a cantares dos brancos, pois havia notícia não apenas desse lundu na colônia, mas igualmente da sua variante, a modinha.

De fato, em seu romance *As mulheres de mantilha*, ambientado no Rio de Janeiro durante o vice-reinado do conde da Cunha — 1763-1767 —, Joaquim Manuel de Macedo não apenas reproduzia os versos de um lundu destinado a ridicularizar a proibição pelo bispo D. Antonio do Desterro a "cantigas demasiadamente livres (...) recebidas e ouvidas com repreensível tolerância em sociedades estimáveis",[127] mas descreve páginas adiante a

---

[127] O lundu contra a proibição do bispo D. Antonio do Desterro começa pela quadra "Já não se canta o lundu/ Que não quer o senhor bispo",

recepção realizada na noite de 19 de março de 1767 no palácio do vice-rei em que uma jovem canta "melancólica e suavemente a mais terna das modinhas".

A descrição da cena merece ser reproduzida, porque nela o romancista põe em destaque, com muita intuição sociocultural, a diferença na forma como a sociedade branca recebia as novidades da modinha e do lundu. É que após mostrar a personagem Irene a cantar a modinha, põe em foco a ingênua irmã Inês com a evidente intenção de sugerir um exemplo de contraste social chocante, provocado por sua ousadia de cantar um lundu:

"Se a *modinha* fora mal cabida o lundu era inteiramente fora de propósito.

Jerônimo Lírio arrependia-se do estouvamento de sua vaidade de pai, e olhava severo para a menina Inês que só via Isidoro.

Mas a inocência, a graça e a beleza de uma jovem têm privilégios quase ilimitados.

O lundu cantado por Inês foi revolta feliz contra a etiqueta.

O vice-rei pôs-se a rir, a assembleia a aplaudir, e a cantora, animada pelos aplausos, requebrou-se de graça e sainete e deixou o cravo no meio de uma revolução de alegria, em que o conde da Cunha não era o menos revoltoso."[128]

---

e remete sugestivamente para os versos "Já não se cantam chegranças/ Que não quer o nosso rei" cantados em Lisboa em 1745 em resposta à proibição de D. João V (a pedido do Cardeal Mota) à dança das chegranças. Ver sobre o episódio o capítulo "As chegranças" do livro de Júlio Dantas, *O amor em Portugal no século XVIII*, cit.

[128] Joaquim Manoel de Macedo, *As mulheres de mantilha*, Rio de Janeiro, Oficinas Gráficas do Jornal do Brasil, 1931, vol. I, p. 8. A possibilidade de anacronismo na cena descrita, ante o fato de o romancista estar escrevendo em 1870 (data da 1ª edição de *As mulheres de mantilha*), fica afas-

Pois se a rude percussão dos batuques africanos, depois passada a danças negro-brasileiro-portuguesas, precisou vencer o preconceito cultural dos brancos europeus ante as novas modas de canção da modinha e do lundu, seria preciso mostrar como, afinal, se processou essa mediação, ao menos em Portugal, onde os dois gêneros vão despontar como música de salão a partir da década de 1770.

---

tada pelo fato de ele ter se valido confessadamente de depoimentos de contemporâneos do setecentos: "Eis aqui uma das cantigas desse tempo, cantiga que devemos à memória de um octogenário, fiel herdeiro de recordações que lhe foram legadas" (p. 99).

14.
COM O PARDO CALDAS BARBOSA,
O LUNDU NEGRO-BRASILEIRO
CHEGA AOS BRANCOS DE PORTUGAL

Os dois tipos de canção chamados de lundu e de modinha, aparecidos como novidade em Portugal e no Brasil pela segunda metade do século XVIII, primeiro nos salões de Lisboa, e logo por todo o país, têm seu nome ligado à figura de um poeta mulato brasileiro, tocador de viola, de nome Domingos Caldas Barbosa.

Chegado a Lisboa em meados de 1763 com 23 anos, formado na última turma do Colégio dos Jesuítas (fechado em 1759 com a expulsão desses padres do Rio de Janeiro) e após três anos de serviço militar na Colônia do Sacramento (afinal devolvida aos espanhóis na virada de 1762 para 1763), Domingos Caldas Barbosa deixava o Rio pela mesma época em que — conforme testemunho de contemporâneo, transmitido ao escritor Joaquim Manoel de Macedo — modinha e lundu começavam a ser admitidos nos meios da gente branca.

Assim, como se sabe que o aluno-poeta tocava viola e era reconhecido como bom improvisador, quando logo ao primeiro ano do curso de Leis de Coimbra lhe morre o pai no Brasil, privando-o da mesada de que se sustentava, ele passa a viver da generosidade dos colegas mais abastados, que o convidavam às suas casas para ouvi-lo. E, certamente, não apenas para ouvi-lo improvisar versos, mas também cantar, como ele mesmo registraria mais tarde em seu poema "A doença" ao lembrar que "Já na silvestre América eu cantava", e ainda acrescentava: "co'a harmônica melodia/ Minha voz meus discursos ajudava".[129]

---

[129] "A doença", poema oferecido à gratidão por Lereno Selinuntino,

Não é difícil concluir, pois, que o jovem aluno inscrito de Coimbra, se declaradamente já no Brasil cantava a doce melodia que, agora, em Portugal, voltava a ajudá-lo a emprestar voz ao discurso dos seus versos, era por certo com os mesmos cantos do tempo em que aprendera a tocar viola em sua terra que o fazia.

E, assim, como exatamente por essa época as modas da terra na "silvestre América" começavam a ser, entre o público branco, o lundu e a modinha, nada mais natural que fossem esses tipos de canção que o poeta ajustasse agora à viola em suas apresentações na metrópole.

Pois é nessa quadra em que o jovem poeta improvisador enfrenta seus momentos mais difíceis no norte de Portugal, perdido em andanças às margens dos rios Cavado e Lima, de Viana da Foz de Lima (só depois de 1847, Viana do Castelo) e Barcelos, que o poeta viria a encontrar nesta última cidade a sua salvação: ouvido pelos irmãos José e Luís de Vasconcelos e Souza, Caldas Barbosa recebe promessa de proteção dos depois condes de Pombeiro e de Figueiró. E, afinal, pela virada de 1760 para 1770 está de volta a Lisboa.[130]

A partir desta nova época de estabilidade pessoal — tem aposento próprio no palácio do conde de Pombeiro em Lisboa e aí pode receber os poetas da recém-criada Nova Arcádia e ainda oferecer bandejas de petiscos aos presentes nas sessões intituladas "quartas-feiras de Lereno" —, Caldas Barbosa vai assumir, afinal, com sua viola o papel de mediador cultural que permitirá ao

---

da Academia de Roma (aliás, Domingos Caldas Barbosa), conforme reproduzido em "Domingos Caldas Barbosa: textos escolhidos", vol. II da tese "A musa encomendada: Caldas Barbosa e a poética neoclássica", apresentada por Adriana de Campos Rennó à Faculdade de Ciências e Letras da Universidade Estadual Paulista Júlio de Mesquita Filho, Assis, SP, 2001.

[130] As peripécias da difícil vida do frustrado aluno da Universidade de Coimbra são relatadas pelo autor em seu livro *Domingos Caldas Barbosa: o poeta da viola, da modinha e do lundu (1740-1800)*, Lisboa, Editorial Caminho, 2004; São Paulo, Editora 34, 2004.

ritmo vindo dos batuques de negros ascender ao gosto das camadas brancas sob as formas de canção da modinha e do lundu.

Como tais gêneros de canto já eram conhecidos no Brasil em sua forma acabada de canção — como demonstravam o lundu contra o próprio lundu e a "mais terna das modinhas" cantada perante o vice-rei em 1767 no Rio de Janeiro —, o papel de Domingos Caldas Barbosa terá sido o de conferir o caráter definitivo com que tais cantares iriam ingressar na esfera restrita da música de influência italiana dos salões de Lisboa e de seu elegante teatro São Carlos.

Aos ouvidos europeus, os lundus-modinhas do mulato brasileiro envolveriam uma dupla curiosidade, pois se na parte do acompanhamento rítmico a sucessão das síncopas oferecia, já domesticada, a rude vivacidade dos batuques, na parte das letras os versos rompiam com a impassibilidade clássica, através do tom pessoal que levava a um clima de intimidade apontado mesmo como escandaloso.

A prova do impacto dessa nova poesia, de um coloquialismo amoroso a que a forma de canção aumentava o encanto, iria aparecer em fins do setecentos nas considerações preocupadas do contemporâneo do poeta, o erudito e severo Dr. Antonio Ribeiro dos Santos (1745-1818), que numa "Carta sobre as cantigas e modinhas, que as senhoras cantão nas Assembleias" escrevia:

"Mas não direi tudo quanto vi; direi somente que cantavam mancebos e donzelas cantigas de amor tão descompostas, que corei de pejo como se me achasse de repente em bordéis, ou com mulheres de má fazenda."

Para o Dr. Ribeiro do Santos, a liberdade dos versos que originava "cantigas de amor tão descompostas" devia-se sem dúvida a alguém que por artes de seus romances conseguia encantar "com venenosos filtros a fantasia dos moços e os corações das Damas". Esse alguém era o brasileiro Domingos Caldas Barbosa:

A música popular que surge na Era da Revolução

"Esta praga [as cantigas de amor] é hoje geral depois que o Caldas começou de por em uso os seus romances, e de versejar para as mulheres. Eu não conheço um poeta mais prejudicial à educação particular do que este trovador de Vênus e Cupido; a tafularia do amor, a meiguice do Brasil, e em geral a moleza americana que faz o caráter das suas trovas, respiram os versos voluptuosos de Pafos e de Citera."

E o Dr. Ribeiro dos Santos finalizava seu parecer com a conclusão definitiva acerca da responsabilidade pessoal de Domingos Caldas Barbosa sobre a "ação prejudicial" que exercia sobre "as fantasias do moços" e o "coração das Damas", não apenas como poeta, mas como intérprete das suas modinhas e lundus:

"Eu admiro a facilidade da sua veia, a riqueza das suas invenções, a variedades dos motivos que toma e o pico e a graça dos estribilhos e retornelos com que os remata; mas detesto os seus assuntos, e mais ainda, a maneira como os trata e com que os canta."[131]

Pois se o poeta filho do povo que tomara conhecimento do ritmo do lundu e de seu aproveitamento como música cantada sob o nome de modinha ainda no Brasil, quando pela década de 1750 aprendera a tocar viola, não deixaria certamente em Por-

---

[131] "Carta sobre as cantigas e modinhas, que as senhoras cantam nas Assembleias", às fls.156/157 do vol. 130 dos "Manuscritos" de Antonio Ribeiro dos Santos, doados à Biblioteca Nacional de Lisboa. O trecho citado reproduz a primeira versão das impressões de Ribeiro dos Santos sobre reunião (a que esteve presente) na casa da poetisa Leonor de Almeida, marquesa de Alorna. A descoberta desse texto em um dos borrões que serviram à redação definitiva dos "Manuscritos" de Ribeiro Guimarães deve-se a Teófilo Braga, que o reproduz em nota de rodapé de seu *Filinto Elísio e os dissidentes da Arcádia*.

tugal de pôr em solfa a partir da segunda metade do setecentos, ao menos uma boa parte das 202 composições em versos em que eles se conhecem.[132]

E não seria outro o motivo que permitiria a esse "cantarino Caldas" — como o chamou com ironia seu contemporâneo, o poeta Filinto Elísio — não apenas o querer saber da amada Eulina na sua modinha "Recado" — "Divertiu-se, passeou/ acaso lhe fiz falta?" —, mas perguntar-lhe muito diretamente:

"Cantou algumas modinhas?
E que modinhas cantou?
Lembrou-lhe algumas das minhas?"[133]

É verdade que, apesar de todos esses indícios de convencimento levarem à conclusão de que Domingos Caldas Barbosa era não apenas poeta com talento de improvisador, mas também compositor de muito do que cantava, esbarra-se no fato de 49 músicas sobre versos do poeta cuja notação se conhece serem todas ou assinadas por músicos conhecidos do século XVIII, ou por compositores anônimos.

Posto tal pormenor como indagação, cabe ao menos por curiosidade outra pergunta: se os versos compendiados apenas nos dois volumes da *Viola de Lereno* totalizam 179 composições

---

[132] A estimativa é feita com apoio nas conclusões do professor Manuel Morais em seu *Música escolhida da Viola de Lereno* (1799), *op. cit.*, onde declara que com as 49 modinhas apenas do espólio estudado "Domingos Caldas Barbosa foi, de fato, o poeta luso-brasileiro mais musicado no final do século XVIII". Aponta também 23 textos do poeta como ainda inéditos (dez do manuscrito "Cantigas de Lereno Selinuntino da Arcádia de Roma", e treze dos manuscritos da "Muzica escolhida da Viola de Lereno"), o que, somado às 179 composições impressas nos volumes de 1798 e 1826 da coletânea *Viola de Lereno*, perfaz o total de 202 espécies até agora conhecidas.

[133] "Recado", in *Viola de Lereno*, de Domingos Caldas Barbosa, vol. 1, 1944, pp. 8-10.

A música popular que surge na Era da Revolução

poéticas produzidas para serem cantadas, e 49 delas não têm música de Caldas Barbosa, quem seriam os autores da solfa das 130 que sobram?

Assim, ao prevalecer a tese de que Domingos Caldas Barbosa era apenas um poeta que improvisava versos à viola, a conclusão teria que ser — com todo rigor da lógica — que o autor das músicas de 130 das suas composições teria sido qualquer um, menos ele próprio.

Ao admitir-se ao menos a estranheza de tal conclusão, seria preciso ainda considerar que sendo compositor popular sem formação musical regular, não haveria mesmo de se esperar que Domingos Caldas Barbosa registrasse em notação escrita a solfa das cantigas, modinhas e lundus cujos versos escrevia e cantava. Anotar música, no século XVIII, era privilégio de profissionais de escola ligados invariavelmente ou à Igreja ou aos grandes teatros, como era o caso dos teatros São Carlos e do Salitre, e servia de exemplo o caso do próprio Domingos Caldas Barbosa, ao ter os versos de seu "drama jocoso" *Os viajantes ditosos* musicados no Teatro do Salitre em 1790 por Marcos Portugal, e as cantigas criadas em 1793 para sua "farsa dramática" *A saloia namorada ou O remédio é casar* musicadas no Teatro de São Carlos pelo "Senhor Antonio Leal Moreira, mestre do real seminário de Lisboa".[134]

Assim, a popularização das modinhas e lundus do brasileiro Carlos Barbosa só poderia se dar por transmissão oral, o que realmente aconteceu com a divulgação de suas composições entre as novas gerações de frequentadores de cafés e leitores de folhetos de cordel.

A prova de que isso de fato se deu seria fornecida a partir de 1797, com a publicação, em Lisboa, pelo autor de literatura

---

[134] Sobre o tema, ler o capítulo "Caldas Barbosa, autor de teatro", *in Domingos Caldas Barbosa: o poeta da viola, da modinha e do lundu*, cit., pp. 107-27.

de cordel Jose Daniel Rodrigues, da longa série de folhetos em linguagem de humor popular intitulada *Almocreve de Petas ou moral disfarçada para correção das miudezas da vida*.[135]

Como essa série de folhetos de venda avulsa pelas ruas iria mostrar, a popularidade das modinhas de Caldas Barbosa tinha alcançado tal amplitude em Lisboa que, num dos números desse *Almocreve*, a descrição de uma festa de casamento em um bairro popular punha em cena a figura de uma moça que — dizia o redator:

> "principiou a muitos rogos, em louvor dos Noivos a cantar a moda 'Só Arminda e mais ninguém', trinando com voz não por arte mas sim por natureza e abrindo ao mesmo tempo cada venta que em cada uma lhe cabia uma laranja".[136]

Pois embora o autor do folheto não apontasse a autoria da referida "moda", conferindo a ela assim o caráter definitivo de produção popular anônima, "Só Arminda e mais ninguém" era a modinha de Domingos Caldas Barbosa que viria a aparecer em 1826 no segundo volume da *Viola de Lereno* com o título de "Protestos de Arminda":

> "Conheço muitas pastoras
> Que beleza e graça têm
> Mas é uma só que eu amo
> Só Arminda e mais ninguém."

---

[135] Sobre essa série do *Almocreve de Petas*, cuja publicação regular se estenderia de 11 de janeiro de 1797 a inícios de 1800, ler, do autor, o capítulo "O 'realismo plebeu' do cordel e das modinhas" do livro *Domingos Caldas Barbosa: o poeta da viola, da modinha e do lundu*, cit., pp. 75-89.

[136] José Daniel Rodrigues, *Almocreve de Petas*, tomo I, parte VI ("Arroios", 3 de maio), Lisboa, Oficina de J. M. de Campos, 2ª ed., 1819.

No ano seguinte, 1798, ao comentar no folheto datado do "Chafariz de Dentro, 1º de Junho" a estranha natureza do amor, José Daniel Rodrigues voltava a dar como anônima outra música de Caldas Barbosa. Após algumas considerações em tom filosófico sobre o sentimento em torno do qual "os maiores doutores têm balbuciado no discernimento", e "tem-se-lhe dado muito nome", José Daniel chamava atenção para os efeitos contrários que tal sentimento inspirava, lembrando que tal preocupação "até uma modinha produziu", que diz:

"Ninguém sabe, ninguém sabe
Ninguém sabe o que é o amor."

Ora, os versos dados como produção de alguém indeterminado — o que ainda uma vez conferia à canção citada o caráter de criação anônima, em voga no momento — eram os da cantiga de Caldas Barbosa "O que é amor", que não figura nos dois volumes da *Viola de Lereno*, mas que com esse nome aparece em coletânea manuscrita do acervo do Gabinete Português de Leitura do Rio de Janeiro sob o título "Cantigas de Lereno Selinuntino da Arcádia de Roma".[137]

A repercussão popular das modinhas de Caldas Barbosa dadas como anônimas em Lisboa alcançava realmente tal popularidade por aqueles fins do setecentos, que o redator do *Almocreve de Petas* — certamente percebendo o advento de um fenômeno novo, que hoje se compreende ter sido o do surgimento da música popular urbana, de massa — resolveu patrocinar em seus folhetos a produção de músicas para modinhas. A ideia foi posta em prática com a criação, nas páginas do *Almocreve de Petas*, da fi-

---

[137] "Cantigas de Lereno Selinuntino da Arcádia de Roma", sob a indicação de catálogo "C. Barboza Cantigas R. E. P. L. Armário 6A 25", na biblioteca do Gabinete Português de Leitura, de que o autor obteve cópia em Lisboa por gentileza do professor Manuel Morais, após repetidas tentativas frustradas junto a funcionários daquela biblioteca no Rio de Janeiro.

gura de um suposto "moço do Poeta", apresentado como "perseguido por alguns curiosos de Múzica, por letras para modinhas".

A partir de então, o redator passa a publicar propostas de letras de modinhas a serem musicadas por quaisquer dos leitores de seu folheto que se achassem habilitados para tal:

"O moço do poeta vendo-se perseguido por alguns curiosos de Múzica dispostos a compor modinhas no estilo em voga, fez a seguinte que quer por a público, para que quem a achar bonita, lhe faça a solfa.

'Doce lisonja   Faço pintura
Lilia não pinta   D'uma Deidade
Não me dá tinta   Dê-me a verdade
O cego Amor   O seu favor
              remate
Nas minhas cores
Julguem-me exato,
Que isso é retrato e eu sou pintor'."[138]

Era a comprovação, pois, da extrema popularidade alcançada pelo gênero de canção urbana que, levado da colônia do Brasil para os salões de Lisboa pelo mulato brasileiro Domingos Caldas Barbosa, voltava ao povo de Portugal transformado em "estilo em voga", ante a identidade histórico-cultural entre os dois povos que o isolamento político da metrópole do período revolucionário francês de 1789 ajudara a consolidar.

---

[138] José Daniel Rodrigues da Costa, *Almocreve de Petas*, tomo II, parte XLV, da edição de 1819, *op. cit*. A composição proposta continuava ainda com seis quadras de estrofes e três "remates", que figuravam claramente como estribilhos nos lundus.

REFERÊNCIAS BIBLIOGRÁFICAS

TEATRO

Comédia Aulegrafia, de Jorge Ferreira de Vasconcelos, Porto, Porto Editora, s/d.

Comédia Eufrosina, de Jorge Ferreira de Vasconcelos, edição por Eugenio Asensio sobre a edição *princeps* de Coimbra, de 1555, Madri, 1951.

Comédia Ulissipo, de Jorge Ferreira de Vasconcelos, Lisboa, Officina da Academia Real das Scienc., MDCCLXXVII [1777].

Pranto de Maria Parda, in *Obras completas de Gil Vicente*, Lisboa, Livraria Sá da Costa Editora, 3ª ed., 1968.

Triunfo do Inverno, de Gil Vicente, Lisboa, Imprensa Nacional, 1934.

TEATRO POPULAR

Entremez intitulado Os Cazadinhos da Moda, Lisboa, Officina Patr. de Francisco Luiz Ameno, 1724. Sem assinatura, mas identificado como de Leonardo José Pimenta e Antas.

A Vingança da Cigana, drama joco-sério, de Domingos Caldas Barbosa, com música de Antonio Leal Moreira. Lisboa, na Of. Patr. de Simão Thaddeo Ferreira, 1794.

FOLHETOS DE CORDEL

Desenfado do Povo, de José Pedro Zambrinense, 1746, in *Provas e Suplemento à História Annual*, ANTT, tomo 2.614, que reúne folhetos publicados entre 1746 e 1748.

"Felisissimo Transito do Segundo Taralhão de Lisboa, Melancólico Occaso do escondido Sol da Índia, e funeral Obelisco, ou Mausoléo carvoeiro, Erigido às zangaralheiras memorias e recordaçoens foliôas do Poeta Manicongo, moço de mulas do Pegazo, escravo de Apollo, ategora verde-negro nos charcos de Parnazo, e ja hoje carrancudo çapo das enlodadas marges do cocito", in *Anatômico Jocoso*, tomo I, Lisboa, Na Officina do Doutor Manoel Alvarez Solano, Anno MDCCLV [1755].

"Festas Heroicas da Sobrelevante Irmandade da Vera Cruz dos Poyae", *in Anatomico Jocoso*, tomo I.

"Vilhansico Entremezado, dos Touros para o Natal", *in Anatomico Jocoso*, tomo III, 1758.

"Testamento do Zangaralheiro", *in Anatomico Jocoso*, tomo I, 1755.

"O Zangaralheiro no Presépio", *in Anatomico Jocoso*, tomo III, 1758.

Pragmática da Sécia. Texto integral publicado por Manoel Bernardes Branco como apêndice ao final de seu *Portugal na época de D. João V*, Lisboa, Livraria de Antonio Maria Ferreira Editor, 1886.

Relaçam Curiosa de Varias Cantiguas em Despedidas, da Corte para o Dezerto. Sem indicação de autor ou editor, mas certamente da metade do século XVIII.

"Relação das Cantigas da Fofa; Compostas pelo Memoral, e Celebríssimo Estapafúrdio Manoel de Paços". Sem indicação do editor ou data. Texto publicado na íntegra em *Histórias jocosas a cavalo num barbante: o humor na literatura de cordel dos séculos XVIII e XIX*, Porto, Editora Nova Crítica, s/d [1980].

Relação da Fofa que veyo agora da Bahia, e o fandango de Sevilha, applaudido pelo melhor som, que ha para divertir malancolias e o cuco do amor, vindo do Brasil por folar, para quem o quizer comer, tudo decifrado na Academia dos Extremozos. Por C. M. M. B. Catalumna: Em la Imprenta de Francisco Gevaiz. Sem indicação de data, mas quase certamente de 1752, por referir essa data na página final ao indicar provimento de padres em igrejas da Guarda.

Coleções de folhetos de cordel

Almocreve de Petas ou Moral Disfarçada. Para Correcção das Miudezas da Vida, por José Daniel Rodrigues da Costa, Entre os Pastores do Têjo, Josino Leiriense. 2ª ed., Lisboa, Oficina de J. F. M. de Campos, 1819. Reunião, em três tomos do mesmo ano, de folhetos do *Almocreve de Petas* publicados entre 11 de janeiro de 1797 e fins de janeiro de 1800, e relançados de 1817 a 1819, quando editados sob a indicação de "Segunda Edição".

Anatomico Jocoso, Que Em Diversas Operações Manifesta a Ruindade do Corpo Humano, Para Emenda do Vicioso: Consta de Várias Obras em Proza... Pelo Padre Fr. Francisco Rey de Abreu Matta Zeferino.

Tomo I, Lisboa, Officina do Doutor Manoel Alvarez Solano, MDC-CLV [1755].

Anatomico Jocoso, Tomo II: ... *do Vicioso. Consta de Várias Cartas Metaforicas, Jocoseiras, E Gazetarias*. 2ª impressão, Lisboa, Officina de Miguel Robrigues, MDCCLVIII [1758].

Anatomico Jocoso, Tomo III: ... *do Vicioso. Consta de Várias Farsas, Entradas, Loas, Entremezes, a Diversos Festejos*. Lisboa, Officina de Miguel Rodrigues, MDCCLVIII [1758].

Provas e Suplemento à Historia Anual Chronologica e Política do Mundo, e Principalmente da Europa; nas Quaes se Faz Memória mais Exacta... ANTT, tomo 2614 (folhetos publicados entre 1746 e 1748).

Periódicos

Folhetos de Ambas Lisboas. Publicação iniciada a 23 de junho de 1730 e continuada até 17 de agosto de 1731, num total de 26 números, conforme Inocêncio Francisco da Silva em seu *Dicionário bibliográfico português*, e Gustavo de Matos Sequeira em *Depois do terramoto*.

Catálogos

Catálogo da coleção de miscelâneas da Biblioteca Geral da Universidade de Coimbra, tomo 7º, "Teatro". Prefácio do Doutor Aníbal Pinto de Castro, Coimbra, 1974.

Subsídios para a história do teatro português: Teatro de Cordel (Catálogo da Coleção do Autor), Albino Forjaz de Sampaio. Publicados por ordem da Academia de Ciências de Lisboa. Lisboa, Imprensa Nacional, 1922.

Dicionários e enciclopédias

Dicionário do folclore brasileiro, de Luís da Câmara Cascudo, 2 vols. Rio de Janeiro: Instituto Nacional do Livro, 1954.

Nouveau Larousse illustré en sept volumes, 1ª ed. Paris: Librairie Larousse, 1897-1905.

Dicionário da língua portugueza, de Antonio de Moraes e Silva, 7ª ed., "muito acrescentada", tomo II. Lisboa: Tipografia de Joaquim G. de Souza Neves, 1878.

Novo Aurélio Século XXI: o dicionário da língua portuguesa, de Aurélio Buarque de Holanda, 3ª ed. revista e ampliada. Rio de Janeiro: Nova Fronteira, 1999.

Bibliografia geral

ALENCAR, Edigar de. *Claridade e sombra na música do povo*. Rio de Janeiro/Brasília: Francisco Alves/INL, 1984.

_____. "O centenário do Zé Pereira", revista *Manchete*, Rio de Janeiro, 11/7/1969.

ALVARENGA, Oneyda. *Música popular brasileira*. Porto Alegre: Globo, 1960.

ASCH, Sebastián. *La historia del music-hall*. Barcelona: Ediciones GR, s/d [1962].

AZEVEDO, Lúcio de. *Épocas de Portugal económico*, 2ª ed. Lisboa, 1947.

BARATA, Martins. *Peregrinações em Lisboa descritas por Norberto de Araújo, acompanhadas por Martins Barata*, livro VI. Lisboa: Parceria A. M. Pereira, s/d.

BARRET, Oliveira; CHIRAT, Raymond. *Le Théâtre de boulevard Ciel Mon Mari!* Paris: Découvertes Gallimard/Musées-Littérature, 1998.

BATALHA, Ladislau. *Costumes angolenses*. Lisboa: s/e, 1890.

BEAUDU, Edouard; CHESNAIS, Jacques; BAZE, Robert. *Histoire du music-hall, par l'Académie du Cirque et du Music-Hall*. Paris: Éditions de Paris, s/d [1954].

BELINGA, Eno. "A música tradicional na África Ocidental: gêneros, estilos e influências", *Revista Brasileira de Folclore*, ano X, nº 26, janeiro--abril de 1970, Rio de Janeiro.

BÉRANGER, Pierre-Jean de. *Chansons choisies, Lettres*. Notícia biográfica e bibliográfica por Alphonse Séché. Paris: Louis-Michaud, s/d.

BLUCHE, Fréderic; RIALS, Stéphan; TULARD, Jean. *La Révolution Française*, 6ª ed. Paris: Presses Universitaires de France, 2004.

BONNET, Jean-Claude (org.). *La Carmagnole des muses: l'homme de lettres et l'artiste dans la Révolution*. Paris: Armand Colin, 1988.

BRAGA, Teófilo. *O povo português nos seus costumes, crenças e tradições*, tomo II. Lisboa: Livraria Ferreira-Editor, 1885.

BRANCO, João de Freitas. "Influência do ultramar na música". Colóquio sobre a Influência do Ultramar na Arte, *Estudos de Ciências Políticas e Sociais*, nº 76, Lisboa, 1965.

BRANDÃO, Adelino. "Contribuições afro-negras ao léxico popular brasileiro", *Revista Brasileira de Folclore*, Rio de Janeiro, ano VIII, maio--agosto, 1968.

BRETONNE, Rétif de la. *Le Palais-Royal*. Introdução e notas de Henri d'Alméras. Paris: Louis-Michaud, s/d.

BUDASZ, Rogério. *A música no tempo de Gregório de Mattos: música ibérica e afro-brasileira na Bahia dos séculos XVII e XVIII*. Curitiba: DeArtes/UFPR, 2004.

_____. "Ecos do quilombo, sons da corte: notas sobre o repertório português para viola (guitarra de cinco cordas)", *in A música no Brasil colonial*. Lisboa: Fundação Calouste Gulbenkian, 2001.

CARNEIRO, Souza. *Os mitos africanos no Brasil*. Rio de Janeiro: Civilização Brasileira, 1937.

CARRATO, José Ferreira. "A crise dos costumes nas Minas Gerais do século XVIII", separata da *Revista de Letras da Faculdade de Filosofia, Ciências e Letras de Assis*, vol. 3, 1962.

CARVALHO, Gerardo A. de. "Os instrumentos musicais primitivos afro-brasileiros no Museu Histórico Nacional", *Anais do Museu Histórico Nacional*, vol. IX, Rio de Janeiro, 1948.

CATROGA, Fernando. *Nação, mito e rito: religião civil e comemoracionismo*. Fortaleza: Edições NUDOC/Universidade Federal do Ceará/Museu do Ceará, 2005.

CAVAZZI DA MONTECCUCOLO. *Descrição histórica do Congo, Matamba e Angola*. Tradução de Graciano Maria de Leguzzano, 2 vols. Lisboa: s/e, 1890.

CORVISIER, André. *História moderna*. São Paulo: Difel, 1976.

COSTA, Pereira da. "Folclore pernambucano". *Revista do Instituto Histórico e Geográfico Brasileiro*, tomo LXX, Rio de Janeiro, 1908.

COSTA, João Cardoso da. *Musa pueril*. Lisboa: s/e, 1736.

COSTA, Mario. *Danças e dançarinos em Lisboa*. Lisboa: Câmara Municipal, 1962.

DANTAS, Júlio. *O amor em Portugal no século XVIII*. Porto: Livraria Chardron/Lélo & Irmão Editores, 1916.

_____. *Ao ouvido de Mme. X*. Porto: Livraria Chardron/Lélo & Irmão Editores, 1916.

_____. *Eles e elas*. Porto: Livraria Chardron/Lélo & Irmão Editores, 1918.

DIAS, Baltasar. *Autos, romances e trovas*. Lisboa: Imprensa Nacional/Casa da Moeda, s/d [1985], Biblioteca de Autores Portugueses.

DUFAY, Pierre. *Oeuvres complètes illustrées de Alexis Piron, publiées avec introduction et index analytique par Pierre Dufay*, tomo IX. Paris: François Guillot, 1931.

FERREIRA, Procópio. *O autor Vasques: o homem e a obra*. São Paulo: s/e, 1939.

FISCHOTTE, Jacques. *Histoires du music-hall*. Paris: Presses Universitaires de France, 1965.

FOUR, Léon. *La Vie en chansons de Béranger*. Paris: Librairie Alphonse Lemerre, 1930.

GONÇALVES, Adelto. *Bocage: o perfil perdido*. Lisboa: Caminho, 2003.

GUIMARÃES, J. Ribeiro. *Sumário de vária história*, 3º vol. Lisboa: Rolland & Semiond, 1875.

HERCULANO, Alexandre. *O monge de Cister ou A época de D. João I*. Rio de Janeiro: Tecnoprint, s/d [1951].

HERMELIN, C. "La Chanson et ses vedettes", *in Mass media, radio, disque, chanson*. Bélgica: Éditions Bloud & Gay, s/d.

HIEGEL, Pierre. "A canção popular nasceu com os cantos de rua", jornal *O Globo*, Rio de Janeiro, 1/10/1972.

HOBSBAWM, Eric J. *A era das revoluções, 1789-1848*. Rio de Janeiro: Paz e Terra, s/d [1977].

JACQUES-CHARLES. *Cent ans de music-hall*. Genève/Paris: Éditions Jeheber, 1956.

LANSON, G.; TRUFFRAU, P. *Manuel illustré d'histoire de la littérature: des origines à l'époque contemporaine française*. Paris: Hachette, s/d [1946].

LEFEBVRE, Georges. *A Revolução Francesa*, 2ª ed. São Paulo: Ibrasa, s/d.

LIMA, Antonio Germano. "O *landu* do Brasil à ilha da Boavista, ou Símbolos de um diálogo de cultura", *in Sonoridades luso-afro-brasileiras*. Lisboa: Imprensa de Ciências Sociais/Instituto de Ciências Sociais da Universidade de Lisboa, 2004.

LIMA, Edílson de. *As modinhas do Brasil*. São Paulo: Edusp, s/d [2001].

LOPES, Clara Rodrigues Dias Baltazar. "Preto em cordel (século XVIII): jogo, subversão, preconceito". Dissertação de Mestrado em Literatura e Cultura Portuguesas/Época Moderna, Faculdade de Ciências Sociais e Humanas da Universidade de Lisboa, 1936.

MATTA, Cordeiro da. *Ensaio de dicionário kimbundu-português*. Lisboa, 1893.

MELO, Guilherme. *A música no Brasil*. Rio de Janeiro: Imprensa Nacional, 1937.

MESQUITA, Alfredo. *Lisboa* (com quatrocentas gravuras). Lisboa: Empresa da História de Portugal, 1903. Edição fac-similada por Arquimedes Livros, Lisboa, 2006.

MESQUITA, Maria Antonia Oliveira Martins de. "Sebastião José de Carvalho e Mello, 1º Conde de Oeiras, 1º Marquês de Pombal", *Olisipo*, Boletim do Grupo Amigos de Lisboa, nº 146/147/148, anos 1983/1984/1985.

MICHELET, Jules. *Histoire de la Révolution. Les Grandes Journées. Textes choisis, annotées et commentés par Paul Petitier*. Préfacio de Michel Vovelle. Paris: Livres de Poche, 1982.

MORAIS, Manuel. *Muzica escolhida da Viola de Lereno (1799)*. Lisboa: Estar-Editor, 2003.

_____. "Domingos Caldas Barbosa (fl. 1775-1800). Compositor e tangedor de viola?", in *A música no Brasil colonial*. Lisboa: Fundação Calouste Gulbenkian, 2000.

NORONHA, Eduardo de. *Pina Manique: o intendente do antes quebrar...* Porto: Livraria Civilização, 1940.

OLIVEIRA, Ernesto Veiga de. *Festividades cíclicas em Portugal*. Lisboa: Publicações Dom Quixote, 1984.

OLIVEIRA, Teixeira de. *Vida maravilhosa e burlesca do café*. Rio de Janeiro: Irmãos Pongetti Editores, 1942.

PEDERNEIRAS, Raul. *Geringonça carioca: verbetes para um dicionário de gíria*. Rio de Janeiro: Oficinas Gráficas do Jornal do Brasil, 1922.

PORTUGAL, José Blanc. "Influência do Ultramar na dança", Colóquio sobre a Influência do Ultramar na Arte, *Estudos de Ciências Políticas e Sociais*, nº 76, Lisboa, 1965.

PRADO JR., Caio. *História econômica do Brasil*. São Paulo: Brasiliense, 1976.

ROUANET, Sérgio Paulo. *O espectador noturno: a Revolução Francesa através de Rétif de la Bretonne*. São Paulo: Companhia das Letras, 1989.

SAKA, Pierre. *La Chanson française: des origines à nos jours*. Paris: Fernand Nathan, 1980.

SARMENTO, Alfredo de. *Os sertões d'África (apontamentos de viagens)*. Lisboa: Francisco Arthur da Silva, 1880.

SASPORTES, José. *História da dança em Portugal*. Lisboa: Fundação Calouste Gulbenkian, s/d [1979].

SABATIER, Robert. *Histoire de la poésie française: la poésie du dix-huitième siècle*. Paris: Albin Michel, 1975.

SEQUEIRA, Matos. "Uma feição de Lisboa de 1809", *Revista Feira da Ladra*, Lisboa, 1929.

SMITH, Robert C. "Décadas do Rosário dos Pretos", *Revista Arquivos*, n° 1/2, 1945-1951.

SQUEFF, Enio. *A música na Revolução Francesa*. Porto Alegre: L&PM, s/d [1989].

SUCENA, Eduardo. "Os cafés na vida política, social e intelectual de Lisboa", *Olisipo*, Boletim do Grupo Amigos de Lisboa, n° 150/151/152, anos 1987/1988/1989.

TINHORÃO, José Ramos. *As origens da canção urbana*. Lisboa: Caminho, 1997.

_____. *A imprensa carnavalesca no Brasil: um panorama da linguagem cômica*. São Paulo: Hedra, 2000.

_____. *As festas no Brasil colonial*. São Paulo: Editora 34, 2000.

_____. *Festa de negro em devoção de branco: do carnaval na procissão ao teatro no círio*. Lisboa: Caminho, 2007.

_____. *História social da música popular brasileira*. 2ª ed., São Paulo: Editora 34, 1988.

_____. *Música popular: de índios, negros e mestiços*. Petrópolis: Vozes, 1972.

VEIGA, Thomé Pinheiro da. *Fastigimia*. Lisboa: Imprensa Nacional/Casa da Moeda, 1988.

VIALA, Alain. *Le Théâtre en France: des origines à nos jours* (com a colaboração de sete estudiosos do teatro francês). Paris: Presses Universitaires de France, s/d [1997].

VITERBO, Sousa. *Artes e artistas em Portugal*, 2ª ed. Lisboa: Livraria Ferin/Editora Torres & Cia., 1920.

SOBRE O AUTOR

José Ramos Tinhorão nasceu em 1928 em Santos, São Paulo, mas criou-se no bairro de Botafogo, no Rio de Janeiro, onde teve suas primeiras impressões de coisas populares assistindo a rodas de pernada e sambas de improviso, na esquina da Rua São Clemente com Praia de Botafogo, em frente ao Bar Sport Carioca.

Da primeira turma de Jornalismo do país, já colaborava no primeiro ano com a *Revista da Semana* e a *Revista Guaíra*, do Paraná, entre outros veículos, até ingressar no *Diário Carioca* em 1953, ano de sua formatura, onde permanece até 1958.

De 1958 a 1963, escreve para o *Jornal do Brasil*, começando em 1961 as famosas "Primeiras Lições de Samba". Na década de 1960, Tinhorão passa pela TV — Excelsior (despedido em 1º de abril de 1964, quando da tomada do poder pelos militares no Brasil), TV Rio e Globo (quando a programação era local) — e pela Rádio Nacional, antes de mudar-se em maio de 1968 para a cidade de São Paulo. Em 1966, estreia em livro com duas obras: *Música popular: um tema em debate* e *A província e o naturalismo*.

Morando em São Paulo, Tinhorão escreve para a revista *Veja* até 1973, passando então para a revista *Nova*, e em 1975, já como autônomo, envia da sucursal paulista suas duas colunas semanais para o *Jornal do Brasil*. Tais colunas, que durarão até 1981, granjearam ao pesquisador a pecha de "temido crítico musical".

Em 1980, Tinhorão vai a Portugal investigar a presença dos negros na metrópole. Desde então, seus livros passam a ser publicados também nesse país. Em 1999, prosseguindo em sua pesquisa de jornais carnavalescos no Brasil, solicita pela primeira vez em sua carreira uma bolsa: para o mestrado em História Social na Universidade de São Paulo. A tese dá origem ao livro *Imprensa carnavalesca no Brasil: um panorama da linguagem cômica*.

Grande pesquisador de sebos no Brasil e alfarrabistas em Lisboa, Porto e Braga, o autor reuniu importante coleção de discos, partituras, periódicos, livros e imagens sobre a cultura brasileira, cujo acervo passou em 2000 ao Instituto Moreira Salles, de São Paulo. Criado em 2001, o Acervo Tinhorão se encontra atualmente disponível a pesquisadores e interessados.

OBRAS DO AUTOR

A província e o naturalismo. Rio de Janeiro: Civilização Brasileira, 1966 (esgotado).
Música popular: um tema em debate. Rio de Janeiro: Saga, 1966; 2ª ed., Rio de Janeiro: JCM, 1969; 3ª ed., São Paulo: Editora 34, 1997; 1ª reimpressão, 1998; 2ª reimpr., 1999; 3ª reimpr., 2002; 4ª reimpr., 2003.
O samba agora vai... A farsa da música popular no exterior. Rio de Janeiro: JCM, 1969 (esgotado).
Música popular: de índios, negros e mestiços. Petrópolis: Vozes, 1972; 2ª ed., 1975 (esgotado).
Música popular: teatro & cinema. Petrópolis: Vozes, 1972 (esgotado).
Pequena história da música popular brasileira: da modinha à canção de protesto. Petrópolis: Vozes, 1974; 2ª ed., 1975; 3ª ed., 1978; 4ª ed., São Paulo: Círculo do Livro, 1978; 5ª ed., revista e aumentada, com o novo título de *Pequena história da música popular: da modinha ao tropicalismo*, São Paulo: Art Editora, 1986; 6ª ed., revista e aumentada, com novo título de *Pequena história da música popular: da modinha à lambada*, 1991.
Música popular: os sons que vêm da rua. São Paulo: Tinhorão, 1976; 2ª ed., revista e aumentada, com o novo título de *Os sons que vêm da rua*, São Paulo: Editora 34, 2005.
Música popular: do gramofone ao rádio e TV. São Paulo: Ática, 1981 (esgotado).
Música popular: mulher & trabalho (plaqueta). São Paulo: Senac, 1982 (esgotado).
Vida, tempo e obra de Manuel de Oliveira Paiva (uma contribuição). Fortaleza: Secretaria de Cultura e Desporto, 1986.
Os negros em Portugal: uma presença silenciosa. Lisboa: Editorial Caminho, 1988; 2ª ed., 1997.
Os sons dos negros no Brasil. Cantos, danças, folguedos: origens. São Paulo: Art Editora, 1988; 2ª ed., São Paulo: Editora 34, 2008.

História social da música popular brasileira. Lisboa: Editorial Caminho, 1990. São Paulo: Editora 34, 1998; 1ª reimpr., 1999; 2ª reimpr., 2002; 3ª reimpr., 2004; 4ª reimpr., 2005.

Os sons do Brasil: trajetória da música instrumental (plaqueta). São Paulo: SESC, 1991.

A música popular no romance brasileiro: vol. I, séculos XVIII e XIX. Belo Horizonte: Oficina de Livros, 1992; 2ª ed., São Paulo: Editora 34, 2000.

Fado: dança do Brasil, cantar de Lisboa. O fim de um mito. Lisboa: Editorial Caminho, 1994.

Os romances em folhetins no Brasil (de 1830 à atualidade). São Paulo: Duas Cidades, 1994.

As origens da canção urbana. Lisboa: Editorial Caminho, 1997.

A imprensa carnavalesca no Brasil: um panorama da linguagem cômica. São Paulo: Hedra, 2000 (originalmente Dissertação de Mestrado em História Social apresentada ao Curso de Pós-Graduação da Universidade de São Paulo em 1999).

As festas no Brasil colonial. São Paulo: Editora 34, 2000; 1ª reimpr., 2000.

A música popular no romance brasileiro: vol. II, século XX (1ª parte). São Paulo: Editora 34, 2000.

Cultura popular: temas e questões. São Paulo: Editora 34, 2001; 2ª ed., revista e aumentada, 2006.

Música popular: o ensaio é no jornal. Rio de Janeiro: MIS Editorial, 2001.

A música popular no romance brasileiro: vol. III, século XX (2ª parte). São Paulo: Editora 34, 2002.

Domingos Caldas Barbosa: o poeta da viola, da modinha e do lundu (1740--1800). São Paulo: Editora 34, 2004. Lisboa: Editorial Caminho, 2004.

O rasga: uma dança negro-portuguesa. São Paulo: Editora 34, 2006. Lisboa: Editorial Caminho, 2007.

A música popular que surge na Era da Revolução. São Paulo: Editora 34, 2009.

A sair:
Festa de negro em devoção de branco: do carnaval na procissão ao teatro no círio.

Em preparação:
Reis do Congo: esperteza de Portugal é folclore no Brasil.

Este livro foi composto em Sabon,
pela Bracher & Malta, com CTP e
impressão da Prol Editora Gráfica
em papel Alta Alvura 75 g/m² da Cia.
Suzano de Papel e Celulose para a
Editora 34, em dezembro de 2009.